JN060549

子どもを知る

■編集委員■民秋　言・小田　豊・栃尾　勲・無藤　隆・矢藤誠慈郎

新 保育
ライブラリ

子ども家庭支援の
心理学

佐久間路子・福丸由佳　編著

北大路書房

新版に向けて　編集委員のことば

　本シリーズは，平成29年3月に幼稚園教育要領，保育所保育指針，幼保連携型認定こども園教育・保育要領，さらに小学校学習指導要領が改訂（改定）されたことを受けて，その趣旨に合うように「新 保育ライブラリ」を書き改めたものです。また，それに伴い，幼稚園教諭，小学校教諭，保育士などの養成課程のカリキュラムも変更されているので，そのテキストとして使えるように各巻の趣旨を改めてあります。もっとも，かなり好評を得て，養成課程のテキストとして使用していただいているので，その講義などに役立っているところはできる限り保持しつつ，新たな時代の動きに合うようにしました。

　今，保育・幼児教育を囲む制度は大きく変わりつつあります。すでに子ども・子育て支援制度ができ，そこに一部の私立幼稚園を除き，すべての保育（幼児教育）施設が属するようになりました。保育料の無償化が始まり，子育て支援に役立てるだけではなく，いわば「無償教育」として幼児期の施設での教育（乳幼児期の専門的教育を「幼児教育」と呼ぶことが増えている）を位置づけ，小学校以上の教育の土台として重視するようになりました。それに伴い，要領・指針の改訂（改定）では基本的に幼稚園・保育所・幼保連携型認定こども園で共通の教育を行うこととされています。小学校との接続も強化され，しかし小学校教育の準備ではなく，幼児期に育んだ力を小学校教育に生かすという方向でカリキュラムを進めることとなっています。

　保育者の研修の拡充も進んでいます。より多くの保育者が外部での研修を受けられるようにし，さらにそれがそれぞれの保育者のキャリア形成に役立つようにするとともに，園の保育実践の改善へとつながるようにする努力と工夫が進められています。全国の自治体で幼児教育センターといったものを作って，現場の保育者の研修の支援をするやり方も増えています。まさに保育の専門家として保育者を位置づけるのみならず，常に学び，高度化していく存在として捉えるように変わってきたのです。

　そのスタートは当然ながら，養成課程にあります。大学・短大・専門学校での養成の工夫もそれぞれの教育だけではなく，組織的に進め，さらに全国団体

でもその工夫を広げていこうとしています。

　そうすると，そこで使われるテキストも指導のための工夫をすることや授業に使いやすくすること，できる限り最近の制度上，また実践上，さらに研究上の進展を反映させていかねばなりません。

　今回の本シリーズの改訂はそれをこそ目指しているのです。初歩的なところを確実に押さえながら，高度な知見へと発展させていくこと，また必ず実践現場で働くということを視野に置いてそこに案内していくことです。そして学生のみならず，現場の保育者などの研修にも使えるようにすることにも努力しています。養成課程でのテキストとして使いやすいという特徴を継承しながら，保育実践の高度化に見合う内容にするよう各巻の編集者・著者は工夫を凝らしました。

　本シリーズはそのニーズに応えるために企画され，改訂されています（新カリキュラムに対応させ，新たにシリーズに加えた巻もあります）。中心となる編集委員４名（民秋，小田，矢藤，無藤）が全体の構成や個別の巻の編集に責任を持っています。なお，今回より，矢藤誠慈郎教授（和洋女子大学）に参加していただいています。

　改めて本シリーズの特徴を述べると，次の通りです。第一に，実践と理論を結びつけていることです。実践事例を豊富に入れ込んでいます。同時に，理論的な意味づけを明確にするようにしました。第二に，養成校の授業で使いやすくしていることです。授業の補助として，必要な情報を確実に盛り込み，学生にとって学びやすい材料や説明としています。第三に，上記に説明したような国の方針や施策，また社会情勢の変化やさらに研究の新たな知見に対応させ，現場の保育に生かせるよう工夫してあります。

　実際にテキストとして授業で使い，また参考書として読まれることを願っています。ご感想・ご意見を頂戴し次の改訂に生かしていきたいと思います。

2019年12月　　編集委員を代表して　無藤　隆

はじめに

　「子ども家庭支援の心理学」は，2019年度入学生適用の保育士養成課程のカリキュラム（以下，新カリキュラム）から新設された科目である。新カリキュラムへの変更は，2015年の子ども・子育て新制度，2017年の保育所保育指針，幼稚園教育要領，幼保連携型認定こども園教育・保育要領の改訂などの大きな制度変更，そして0〜2歳児を中心とした保育所を利用する子どもの数の増加や児童虐待相談件数の増加など，保育や子どもを取り巻く社会状況の変化が背景にある。

　新カリキュラムでは，見直しの方向性の中に，「子ども及び子どもの家庭に関する包括的な理解の促進」と「子どもの心理的側面に関する内容の充実」が掲げられ，2018年度入学生以前のカリキュラムで「保育の心理学Ⅰ」「家庭支援論」「子どもの保健」の各科目で教授されていた子どもの心理，家族や家庭の理解や支援に関する内容が整理統合されることになった。そして発達的観点を踏まえて子どもの心理的側面や家族や家庭を理解するために，それらを包括的に学ぶ科目として，「子ども家庭支援の心理学」が誕生したのである。

　この科目の目標は以下の4つである。

1. 生涯発達に関する心理学の基礎的な知識を習得し，初期経験の重要性，発達課題などについて理解する。
2. 家族・家庭の意義や機能を理解するとともに，親子関係や家族関係などについて発達的な観点から理解し，子どもとその家庭を包括的に捉える視点を習得する。
3. 子育て家庭をめぐる現代の社会的状況と課題について理解する。
4. 子どもの精神保健とその課題について理解する。

　これらの目標および教授内容を踏まえ，本書は13章から構成されている。子どもと家庭を中核としながらも多岐にわたる内容を含む科目だからこそ，発達心理学，家族心理学，臨床心理学，障害児心理学，子どもの保健を専門とする先生方，また心理支援，保育実践に関わる先生方に，各領域の専門知識をもとに，基礎的かつ現在必要な内容を押さえて執筆いただいた。さらに

読者の皆さんに主体的に学びに取り組んでもらうために，各章には研究課題を設けている。推薦図書やコラムを参考に，より発展的に理解を深めてもらいたい。

　保育士は，園に通う子どもの育ちを保障するだけでなく，子どもをとりまく親，家族を支えていくことに力を発揮することが期待されている。この科目は，まさにその期待から生まれてきたものである。また目標に掲げられているように，子育て家庭をめぐる現代の社会的状況と課題について理解することが求められている。

　2020年は新型コロナウィルスという未体験の脅威にさらされた1年であった。学校や大学が休校を余儀なくされた中，多くの保育所は休みなく開所し続けていた。大変な社会状況の中，保育を続けてくださった保育者の方々には感謝の念に堪えない。そして親の勤務がリモートワークとなったことは，改めて保育所の社会的意義を考える機会ともなった。また家族・家庭の在り方や捉え方にも，大きな影響を及ぼしたといえるであろう。この原稿を書いている2021年初めでも終息はみえておらず，この状況が長く続くことは，人との関係そのものを一変させるかもしれない。またこれらの影響は，数年後，さらに数十年後に表れてくるのかもしれない。

　だが，以下のようなことを何人もの保育者から伺った。「コロナは確かに大変なことだ。でもこれまでも何かが起こって，そしてそれに対応してきた。いつもそうしてきたと思う。保育というものはそういうものなのだと思う」と。きっとこの先も予想もできないような様々な困難が降りかかってくるだろう。そのときには，この本で学んだ皆さんが，保育者として，子どもや家族を支えてくれることを望んでいる。

　最後に，本書の出版にあたり，編者・執筆者を支えてくださった北大路書房編集部の北川芳美さんに心より感謝申し上げる。

2021年1月　　編者を代表して　佐久間路子

もくじ

第1章
乳幼児期の発達

乳幼児期は，身体・運動面，認知面，言語面，社会性の面で著しい成長がみられ，人が生涯生きていくために必要な様々な力の基礎が育つ時期である。このような急激な発達が可能になる背景には，人の赤ん坊が，生まれ落ちた環境に適応するための力をある程度備えて生まれてくるということがある。特に，社会的な刺激に対する反応性は，早期から周囲の大人との関係を築いていくことを可能とし，子どもはその関係の中で，各側面の能力を急速に発達させ，その後の人生に必要な心身の基盤を築き上げる。この章では，乳幼児期の発達について，身体・運動面の発達，言語面の発達，アタッチメントの発達，認知の発達の4つの側面から概説する。

1 節　身体・運動面の発達

1——新生児期の運動

　新生児期の運動で最も特徴的なものが，「原始反射」とよばれる特定の感覚刺激に対して生じる不随意的で自動的な体の動きである。原始反射は出生時から見られるが，脳の発達とともに消失するか，より複雑な行動へと統合される。原始反射には，手のひらを刺激すると指を閉じて握る把握反射や足が床面に触れると歩行運動が生じる歩行反射など，後の随意運動の基礎となるものがある一方，足裏をかかとからつま先へとこすると親指が反り返り，他の指が扇状に開くバビンスキー反射や大きな音や落下の衝撃で抱きつくような動きが生じるモロー反射など，随意運動が確立するためには消失しなければならない反射もある。反射が出現すべき月齢に観察されなかったり，消失すべき月齢を過ぎてもまだ残っている場合，何らかの神経系の障害が疑われる場合がある。

2——姿勢の制御・移動運動の発達

　運動機能の発達は，頭から身体の下側（足先方向）へ（頭尾法則），胴から手足へ（近遠法則），また，粗大運動（大きな筋肉を使う運動）から微細運動（小さな筋肉を使う運動）へといった方向性をもって進む。だが，乳幼児期の運動発達は，子どもの発育，神経系の成熟，生育環境などから影響を受けるため，その進み方には個人差が生じる。図1-1は，各運動機能について，それぞれの月齢で乳児の何割が可能になっているかを示したものである。

　これをみると，その月齢の乳児の90％以上が可能となっているのは，「首のすわり」生後4〜5か月，「ねがえり」生後6〜7か月，「ひとりすわり」「はいはい」生後9〜10か月，「つかまり立ち」生後10〜11か月，「ひとり歩き」生後1年3〜4か月である。この月齢が各運動機能発達のある程度の目安となるだろう。だが，発達の個人差が非常に大きいことにも留意しなければならない。移動運動の獲得は，子どもが能動的に外界に関わっていくこと（探索活動）を可能にし，後の認知発達を促す重要な契機ともなっている。

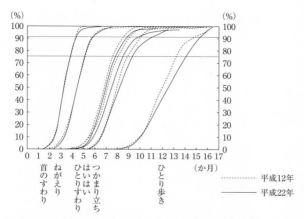

図1-1　運動機能の通過率（平成22年乳幼児身体発育調査）（厚生労働省，2010）

3——微細運動の発達

　モノをつかむ，つまむといった手の機能は1歳頃までに発達し，3歳頃には
ハサミの使用やボタンをかける動作，靴下をはく動作など，手指を使った細か
な運動が発達してくる。こうした指先の動作の基礎は5歳頃に完成する。これ
らの動作は，基本的な生活習慣の獲得のために必要なものである。1歳半頃に
自分でやりたい気持ちが芽生えると，子どもたちは大人の援助を得ながら，手
指を使って挑戦することを繰り返し，次第にそれぞれの生活習慣に必要な動作
を獲得していき，就学前には一通りの身の回りの始末ができるようになる。

4——幼児期の運動発達

　幼児期には，走る，跳ぶ，投げるといった基礎的な運動能力が備わってくる。
3歳頃は，土踏まずの形成により長時間の歩行が可能となる時期である。走る，
跳ぶ，よじ登るといった動きを調整する能力が発達してくる。また，ボール投
げなど，視覚情報と姿勢調節，手指の運動を協調させるような動作も確実にな
ってくる。4歳代になると，2つの異なる操作を1つにまとめる「～しながら，
…する」活動が可能になり，片足をあげながら前に進む（ケンケン），片手に
ハサミを持ち，もう片方の手で紙を動かしながら切るなどが上手になってくる。

　5歳頃になると運動機能がますます伸び，ほとんどの子どもが主要な粗大運動を発達させる。幼児期の運動機能は，遊びを通して発達していく。子どもが興味ある遊びを繰り返し経験できるよう配慮することが求められる。

2 節　言葉の発達

1 ── 言葉が生まれるまでの道筋

(1) 構音の発達と音声の知覚

　乳児は構音器官が未成熟な状態で生まれ，のど，あご，舌などの器官が成熟していくに従って，音声が発達していく。誕生後しばらくの間は，泣き声とクーイングとよばれる「グ」「ク」などの音をよく発声する。その後，「アー，アー」のような喃語を発声し，生後6か月頃からは「バー，バー，バー」のような子音と母音の音節を繰り返す反復喃語を発声するようになる。9か月頃になると，ジャーゴン（言語に近い発声）も観察されるようになる。

　言葉を獲得するためには，母語の音声を構成している音韻の聞き分けができなければならない。前述の喃語は，親が発声できない音や弁別できない音素が含まれる，世界中の赤ん坊に共通した"世界語"であるという（中野，2013）。生後6か月までの乳児は，母語にはない音も発声し，また母語以外の言語の音素を弁別できる。だがこの弁別力は，その後低下し，満1歳頃には周囲の大人と同様に聞き分けられなくなる。これは，母語の音韻体系に適した音韻知覚のみを発達させた結果であり，効率よく母語を習得するための仕組みといえる。

(2) 社会的関係の始まり

　言葉はコミュニケーションの大切なツールであるが，コミュニケーションは言葉が獲得されてから始まるわけではない。人間の子どもは社会的な刺激に対する特別な反応性を持って生まれてくる。人の顔や声を好みよく注意を向け，大人からの語りかけに対して手足，腰を動かして同調するかのように反応する（エントレインメント）。こうした反応が大人の注意をひきつけ子どもへの働きかけを引き出し，それに対してまた子どもが反応するという，コミュニケーションの原型ともよべる関わりが生じる。それはやがて，養育者との間の情動を

伴った本格的なコミュニケーションとなり，言葉が生まれる基盤となる。

(3) 指差し・共同注意

　生後2，3か月になると，乳児は養育者からの働きかけに対して，目を見つめる，微笑みかける，声を出すなど積極的な反応を示すようになり，生後6か月頃には，養育者との間で，歌や手遊びなどの定型的なやりとりを喜んで行うようになる。生後9か月頃，乳児が他者の注意を理解し，養育者と注意を共有する（共同注意）ようになると，指差しや身振りで意思を伝えたり，相手の表情や身振りから意味を読み取ったりするようになる。生後10か月頃から，言葉の理解を示す行動がみられはじめ，1歳以降，身振りだけでなく言葉によるコミュニケーションを行うようになる。

2 ── 言葉の獲得

(1) 語彙の発達

　子どもが初めて意味のある言葉（初語）を発してからしばらくの間，語彙はゆっくりとした速度で増えていく。語彙獲得の進み具合には大きな個人差があるが，50語程度の語彙を獲得するのに4〜5か月ほどかかる（Vauclair, 2004）。初期に頻繁に使われる単語は，動物や人，食べ物，乗り物，からだの一部，挨拶などの言葉が多い（小林，1999）。その後18か月から20か月頃に語彙爆発（急速に語彙獲得が進む現象）が生じ，子どもの語彙数は急激に増加していく。

(2) 一語文・二語文

　1歳前半には，1つの語を叙述や要求を表すものとして用いる一語文使用がみられる。例えば，「ママ」という一語の発話でも，母親の帽子を指差しながらであれば「ママの帽子だ！」となり，母親の顔を見ながら腕を広げて言えば「ママ抱っこして！」となるように，一語で様々な意味が表現される。養育者は，子どもの表情や身振り，そのときの文脈から一語文の意味を推測して関わる。1歳半頃になると，「わんわん　いた」「これ　ブーブー」のように語と語をつなげた二語文を話すようになる。2歳頃には基本的な助詞や助動詞が出現し，次いで三語文，多語文が使用されるようになる。だが，子どもの語の使用には誤りも多く（「（服を）ヌゲサセテ」（脱がせて），「赤いのお花」（赤いお花）），周囲の大人からのフィードバックを受け，徐々に正しい文法を獲得していく。

3 節 アタッチメント

1——アタッチメントとは

　公園で，父親や母親から離れて遊んでいる幼児が，時々親のいる方をちらちら見たり，急に親のところへ駆け戻って行ったりするのを見たことがないだろうか。幼い子どもは親から離れているとそのうち不安を感じ，親がいること，こちらを見てくれていることを時々確かめて安心する。何か怖い思いをして強い不安を感じた場合は，親の元へ戻って行って気持ちを落ち着ける。このような，不安や恐怖などのネガティブな感情を経験した際に特定の相手との関係を求める欲求や行動の仕組みは，アタッチメントとよばれる。

　アタッチメントは，イギリスの児童精神科医ボウルビィ（Bowlby, J.）が確立した概念で，日本語では愛着と訳されている。愛着というと，親子間の情緒的絆と理解されていることも多いようだが，ボウルビィの概念で重要なのは，子どもが危機に直面し不安や怖れを感じた際に，信頼できる大人（アタッチメント対象）にくっつく（attachment）ことで，不安定になった感情や身体の状態を立て直そうとするという点である。

2——アタッチメントと基本的信頼感・自律性の獲得

　子どもと養育者間のアタッチメントは，日常的な関わりの中から生じてくる。乳児は，お腹が空いた，おむつが濡れて気持ち悪いといった不快な状態に陥ると，泣きというシグナルを発する。すると，養育者がやってきて世話をしてくれ，不快を快の状態に変えてくれる。この経験を繰り返す中で，乳児は自分が泣くと養育者が動き不快な状態から抜け出せるという自信のようなものをもつようになり，これが自分には世界を動かす力があるという自己効力感につながる。また，自分が発するシグナルに応答してくれる養育者に対して，基本的な信頼感を形成していく。生後6か月頃には，養育者を主要なアタッチメント対象として選び，その人物への近接を維持しようとするようになる。こうして形成されたアタッチメントは，子どもの心身機能の発達に伴って，能動的なものへと変化していく。子どもはアタッチメント対象を「安全基地」として，外の

世界へ探索に出ていくようになる。そうした探索活動の最中に危機に直面し，不安や怖れの感情が喚起されたときには，アタッチメント対象のところへ戻っていって身体接触を求め，不安定になった心身の状態を立て直す。そしてまたエネルギーを満たすと，再び探索活動に出ていくのである。3歳以降，安全基地から離れていられる時間は徐々に長くなり，やがてアタッチメント対象が不在の間も，一人でいられるようになってくる。これは表象能力の発達によって，自分が困ったときには養育者が護って助けてくれるという確信・イメージが子どもの中に取り込まれ，安心の拠り所として機能するようになるためである。子どもは，危機に出会ったときにも，アタッチメント対象にくっつくことで心身の状態を立て直せるという経験を積むことで，その対象に対する強い信頼感と，自分は護ってもらえるという確かな見通しをもち，一人でいられる力，ときには他者の力も借りながら物事に取り組んでいける力，自律性を身につけていく。

3──アタッチメントの個人差と連続性

　先述のように，アタッチメントは養育者との日常的な関わりの中から形成されてくるものであるため，親子の関わりの質の違いにより，アタッチメントの個人差が生じる。例えば，子どもの欲求に敏感で応答的な養育者の場合，子どもは養育者を信頼し，養育者を安全基地として探索行動を行えるような，安定したアタッチメントが形成されやすい。一方で，応答性が低かったり，子どもの欲求に対して拒否的だったりする養育者の場合は，子どもは必ず護ってもらえるという確信が持てず，養育者を安全基地として安心して探索活動をすることができない。形成されるアタッチメントは不安定なものとなる。ボウルビィは，アタッチメント対象との関係に関するイメージやアタッチメント対象による保護に関する確信を，内的作業モデルとよんだ。内的作業モデルは，その後の一貫した対人関係のパターンやパーソナリティの維持に関わり，生涯にわたって影響するという。だがアタッチメントは祖父母や保育者に対しても形成され，保育者とのアタッチメントは親とのアタッチメントとは独立したものであることがわかっている。内的作業モデルについても，こうした他者との関係をもとに形成される可能性があり，親との間のアタッチメント関係が必ずしも生涯の対人関係を決定づけるわけではないと考えられる。

4 節　認知の発達

1 ——乳児期の知覚と認知

　5感（視覚，聴覚，味覚，嗅覚，触覚）は胎児期から育ち，視覚以外の4つについてはかなり発達した状態で生まれてくる。特に聴覚は胎内でほぼ完成し，新生児でも知らない女性と母親の声を区別したり，母語とそれ以外の言語を聞き分けたりすることができる。視覚は出生後から急速に発達していく。出生後すぐの視力は0.01〜0.02ほどで，焦点距離も20cmほどに固定されている。この距離は母親が新生児を抱いたときの，お互いの顔の距離となっている。また新生児は人の顔を好んで見る傾向があるため，出生直後から母親の顔をよく見ることになる。これらの知覚能力は，新生児が社会的環境に適応する際の土台となる（Vauclair, 2004）。

　乳児期は，自身の感覚や運動動作によって環境と関わることで認知が発達していく時期である。近年，乳児が外界の物理的な性質を，かなり早期から理解していることがわかってきた。対象の永続性とは，モノは視界から消えても存在し続けるという，基本的な物理法則であるが，ベイラージョンらの実験（Baillargeon & Graber, 1987）によれば，生後4，5か月児でも対象の永続性を理解しているという。また，モノの動きについての基本的物理法則のうち，連続性の法則（モノは時空間を飛び越えずに連続した経路を通って移動する），接触の法則（モノは接触するとお互いに影響を及ぼす），凝集性の法則（モノはかたまりとしてまとまっている）は，乳児期前半までに理解されるようになることが示されている。このような早期に世界についての知識が獲得される背景には，ある程度生得的な仕組みがあると考えられている（外山・中島，2013）。

2 ——幼児期の認知発達

　幼児期の子どもの思考様式は大人のそれとは異なる。その特徴的な思考の基盤にあるのが，自己中心性である。自己中心性とは，自他の区別が明確でなく，他者の視点に立って物事を理解することが難しいことをいう。ピアジェ

（Piaget, J.）は，三つ山課題を用いた実験で，幼児の空間的視点取得の特徴を明らかにした（Piaget & Inhelder, 1956）。この課題では，子どもの前に大きさや形，色の違う三つの山の模型が用意され，子どもが見ている位置とは違うところに置かれた人形からの見えを，複数枚の絵から選んで答えさせる。幼児期の子どもは自分の位置から見える眺めと同じものを選んでしまう傾向があり，自分とは違う人形からの眺めを選べるようになるのは児童期（9歳以降）である。また，幼児は対象の見かけにとらわれやすいという特徴をもっており，対象の見かけが変わると，対象の性質（量や重さ，数など）が変化したと誤った判断をしてしまう（保存概念の未獲得）が，これも1つの視点にとらわれやすいという自己中心性の現れである。

　幼児期には言葉の発達も著しく，就学前までには大人と対等に会話できるまでになる。そのためつい，物事について大人と同じように見たり考えたりして理解しているものと思ってしまいがちだが，幼児と関わる際には，特有の思考の特徴があることを忘れずにおきたい。また幼児期は認知能力だけでなく，社会情動的スキル（Column ①参照）も発達する時期であることも理解しておく必要があるだろう。

 研究課題

1．赤ちゃんと養育者，赤ちゃんと保育者の，目線や身振りによる言葉を伴わないコミュニケーションの様子を観察して，気づいたことをまとめてみよう。
2．公園などで遊んでいる乳幼児を観察してみよう。どのくらいの時間，保護者から離れて遊んでいられるだろうか。どんなときに保護者のところへ近寄っていくだろうか。子どもの年齢ごとの違いにも注目してみよう。

推薦図書

●『赤ちゃん学で理解する乳児の発達と保育　第3巻　言葉・非認知的な心・学ぶ力』　一般社団法人　日本赤ちゃん学協会（編集）　小椋たみ子・遠藤利彦・乙部貴幸（著）　中央法規出版
●『赤ちゃんは世界をどう見ているのか』　山口真美　平凡社
●『乳幼児の発達　運動・知覚・認知』　J. ヴォークレール／明和政子（監訳）鈴木光太郎（訳）新曜社

Column 1

社会情動的スキル

　乳幼児期に育つ力の中で，IQ（知能指数）などの認知的スキルと並んで重要なものとして世界的に注目されているのが，社会情動的スキルである。社会情動的スキルは非認知スキルともよばれ，忍耐力や自己コントロール力，自信，社交性などの社会性や情意性に関わる様々なスキルが含まれている。社会情動的スキルが世界的に注目されるきっかけとなったのが，経済学者ヘックマン（Heckman, J.）の研究である（Heckman, 2013）。ヘックマンは「ペリー就学前プロジェクト」というアメリカでの幼児教育の成果に関わる長期縦断研究のデータを分析した。プロジェクトでは，貧困層の子どもたちをランダムに二群に分け，一方の群には質の高い幼児教育プログラムを施し，もう一方の群にはそうしたプログラムを経験させなかった。この子どもたちを成人期まで追跡調査したところ，両群は知的能力には差がないものの，幼児教育プログラムを受けていた子どもたちの方が高校の卒業率が高い，収入が高い，生活保護受給率が低い，犯罪率が低いといった差がみられた。ペリー就学前プロジェクトの幼児教育プログラムは，子どもたちの学習意欲や努力，忍耐などの社会情動的スキルを発達させ，それが青年期，成人期の成功を導いたと考えられた。これ以降も様々な研究が行われ，社会情動的スキルが，健康面，経済面，社会面（反社会的行動の抑制など）の成果と関連することが示されている。

　社会情動的スキルの発達における最も顕著な特徴は「スキルがスキルを生む」ということである（経済協力開発機構（OECD），2018）。これは雪玉を作ることに例えられる。雪玉を作るときには最初に小さな雪のかたまりを作り，それを地面に転がして大きくしていく。雪玉が大きくなればなるほど，大きくなるスピードも速くなる。社会情動的スキルも同じように，現在のスキルが次のスキルを生み出し，個人のもつスキルの水準が高いほど，スキルの獲得が大きい。将来，しっかりした大きな雪玉を作りたいならば，早いうちから小さくしっかりした雪玉を作る必要がある。社会情動的スキルは，幼児期から青年期に伸ばしやすいが，特に乳幼児期は，スキル発達の基礎を形成するという意味で，大変重要な時期といえる。

第2章
学童期の発達

　学童期は，幼児期の遊びを中心とした教育から教科教育に移行し，各教科を体系的に学んでいく時期であり，認知や社会性の発達にも質的な変化がみられる時期である。子どもたちは，小学校6年間の様々な経験を通して，認知の面では自己中心的な思考から脱却し，自分自身を振り返る力が育ち，社会性の面では，仲間関係がさらに広がり，他者の心の理解も深まっていく。発達の道筋が多様であるがゆえに個人差も多様になり，そのことが学校への適応の問題となって現れることもある。小学校6年間の育ちにおいて，個と集団の発達に応じた援助は，ますます重要になるのである。

　この章では，子どもとその家庭の支援を行う上で重要と思われる学童期の子どもの認知と社会性の発達，および学校適応について取り上げる。学童期においても，認知の発達と社会性の発達は独立しているものではなく，日々の生活の中で育まれていくという視点から，子どもの育ちを考えてみよう。

1 節　生涯発達における学童期

1──学童期とは

　学童期は，小学校入学から卒業までの小学校在学期間の発達段階であり，見かけに左右されない思考や相手の立場に立った思考が深まる時期である（表2-1）。発達心理学では「児童期」とよぶことが多いが，児童福祉法において「児童」は18歳に達するまでの子どもを指し，学校教育法では，小学校入学時の満6歳から小学校卒業時の満12歳までを「学齢児童」と称している。

表2-1　学童期の認知と社会性の発達（藤村，2011より一部抜粋）

	認知の発達	社会性の発達
小学校低学年 （7，8歳）	論理的思考のはじまり	自他の内面的把握のはじまり
小学校中学年 （9，10歳）	具体的事象の概念化と思考の計画性	自律意識と仲間集団の成立
小学校高学年 （11，12歳）	現実を超えた思考のはじまり	友人との精神的共感

　小学校入学は，日常の生活言語である「一次的ことば」から，不特定多数に向けた公共性の高い「二次的ことば」を習得する読み書き能力の獲得へと移行する時期でもある（岡本，1985）。学童期には，言語を用いた論理的思考や，仮定に基づく推論や潜在的な可能性を考慮した論理的推論など，抽象的思考を行うことが可能になってくる。また，仲間との価値や規則の共有（例：ギャング集団），精神的に支え合える者を友人とよぶなど友達に求めるものが変わっていく。

2──生涯発達を支える有能感

　エリクソン（Erikson, E.H.）は，生まれてから死ぬまでの発達過程を8段階に分け，各段階の徳（力）を考えた。学童期に最も価値のある力は「有能さ（competence）」，発達課題は「勤勉性対劣等感（industry vs. inferiority）」である。「勤勉性」とは，遊ぶことを愛するとともに学習することを愛し，生涯

の価値につながる技術を最も熱心に学ぶ感覚で，対立する感覚が「劣等感」である（Erikson, 1982; Erikson & Erikson, 1989）。

　「有能な熟達感（sense of competent mastery）」は学童期に限った価値ではないものの，学童期は学業成績や運動能力などに成功／失敗という評価がついてまわり，優越感／劣等感から解放されることが難しくなる（やまだ，1995）。5歳児，2年生，4年生を比較すると，勤勉性（真面目／不真面目）に関する言及や，他者と比較して自己に対する否定的感情の言及も増える（佐久間ら，2000）。大人が理想とする"成功者"の押しつけによって子どもの劣等感が助長されないよう，個々の発達を踏まえた関わりがより大切になってくるのである。

2 節　認知の発達

1──論理的思考の発達：前操作的段階から操作的段階へ

　ピアジェ（Piaget, J.）の発達段階では，7〜8歳頃からの具体的操作期と11〜12歳頃からの形式的操作期を合わせて「論理的思考期」とよぶ。算数の時間，液体のかさ比べを学んだ時を覚えているだろうか。幅の広い器に入った水を，そのまま縦長の器に移し替えたとき，幼児期は見た目に左右されやすく，どちらの水の量も同じであることをすぐに理解することが難しい。しかし，保存概念が獲得されると「容器の幅は違っても，水の量を変えていないから同じ」のように論理的に説明できるようになる。

　ただし，ピアジェが用いた実験課題は，子どもの発達に適した質問や課題内容に変えることで（例：三つの山問題をかくれんぼで考える），幼児でも操作的段階の思考ができることや，特定の領域では熟練者と同じ思考ができる子どもがいることなどから，子どもの能力を実際よりも過小評価しているという批判もあり（永野，2000），個々の発達に応じた配慮が必要である。例えば，小学校学習指導要領の内容を教授する際にピアジェの発達理論を意識すると，前操作期に相当する子どもには，実際に自分の目や手で確認できる教材を用意し，具体的操作期に相当する子どもには，抽象度が高い一般法則や公式を具体的な

情報を当てはめた例で示して説明し，論理的に考えられるようにするなどの工夫ができるだろう（林，2013）。

2──メタ認知：自分を振り返る力の発達

　ピアジェ理論は，情報処理理論に基づく認知発達研究へと展開した。情報処理の制御過程に関わる重要な概念の1つが「メタ認知（metacognition）」である。自らの認知（見る，読む，聞く，書く，話す，記憶する，思い出す，理解する，考えるなど頭を働かせること全般）について客観的に捉える認知であり，自らを振り返って熟考することは「省察（reflection）」ともいわれる（三宮，2017）。

　不特定多数の見えない他者が想定された公共性の高い「二次的ことば」の習得には，自己理解と他者理解が必要である。例えば，書く行為は，他者を想定した社会的な営みであるため，メタ認知的機能を積極的に働かせながら自己コントロールする必要がある（丸野，2008）。書き言葉を産出する過程においては，自覚的に作文過程をモニターして軌道修正しながら進行することに意味があるともいわれている（内田，1999）。学童期の省察する力は，自分の認知を客観的に振り返る教育によって，さらに促されていくのである。

3 節　社会性の発達

　社会性には，関心・意欲といった動機づけに基づいて行動を調整する力，他者と共感的に関わり協働する力，感情を調整する力など，「社会情動的スキル」としても知られる「非認知能力」が広く関わっている（OECD, 2015; 平野，2016）。本節では，認知能力と非認知能力が相互作用的に発達していくことについて，高次の心の理論，道徳性・規範意識と感情の観点から考えてみる。

1──高次の心の理論の発達

　自己や他者の信念や行動を理解する心の働きである「心の理論（Theory of Mind: ToM）」は，学童期以降のメタ認知の発達とともにそれぞれの立場から俯瞰的に捉えることができるようになることで，さらに複雑な心の理解へと深

まっていく。他者の誤信念（自分が知っている事実を他者が誤って認識している信念）に基づく行動を説明する「誤信念課題（false belief task）」は，心の理論をもっているか否かを測る代表的な方法である。「Aさんが……と思っている」という一次の信念の理解を調べる「サリーとアンの課題」の通過率は4歳頃から高くなっていくが，学童期は「Aさんが……と思っていると，Bさんは考えている」のような入れ子構造をもつ心的状態の理解が発達する。入れ子構造をもつ再帰的な心的状態の理解は，二次以上の高次の心の理論の発達によって可能となり，社会の中で様々な他者と関わっていく力につながっていく。林（2002）に基づき，サリーとアンの課題とアイスクリーム課題を比較すると表2-2のようになる。二次的信念は6～9歳頃に理解できるようになる（Perner & Wimmer, 1985）。

　高次の心の理論を理解できるようになると，嘘や冗談，皮肉の理解も進む。嘘と冗談は，9歳頃までにほぼ区別できるようになるが（林，2002），皮肉に伴う批判的・嘲笑的態度という複雑な解釈は，それ以降のようである（松井，2013）。また，嘘泣きか否かは5歳頃から理解できるようになり，10歳頃には嘘泣きをすることによって他者が「本当に泣いている」という誤った信念を抱くことがわかるようになる（溝川，2013）。近年では，嘘や冗談，比喩，皮肉などの複雑な心の理解は，高次の誤信念理解，社会的理解（社会的認知），情動と心的状態の認識，視点取得など様々な能力から形成されているとして，

表2-2　「サリーとアンの課題」と「アイスクリーム課題」（林，2002より作成）

一次的信念課題	二次的信念課題
サリーとアンの課題	アイスクリーム課題
①サリーがビー玉をバスケットに入れる。	①メアリ，ジョン，アイスクリーム屋さん（移動販売車）が公園にいる。
②サリーが部屋を立ち去る。	②メアリが立ち去る。
③アンがビー玉を箱に移す。	③アイスクリーム屋さんが「教会の前に移動する」とジョンに言う。
④サリーが部屋に戻ってくる。	④アイスクリーム屋さんが移動中，偶然メアリに会ったので「教会の前に移動する」と教える。
	⑤ジョンがメアリを探しに行くと，お母さんから「アイスクリーム屋さんへ行った」と言われる。
信念質問：「サリーはビー玉がどこにあると思っていますか？」	信念質問：「ジョンは，メアリがどこに行っていると思っていますか？」

「高度な心の理論（advanced theory of mind: AToM）」と総称されるように
なっている（Osterhaus et al., 2016; cf. 林，2018）。学童期の心の理論研究は乳
幼児期と比して非常に少ないが（Hughes, 2016），今後の研究の進展により子
どもの複雑な心の理解の発達過程がさらに明らかになっていくだろう。

2 ── 道徳性・規範意識の発達と感情

　「道徳性」とは社会的に何が良くて何が悪いかを判断する力であり，「規範意
識」は集団の中に潜在するルール・きまり・常識などを理解し守ることにつな
がる意識である（遠藤，2020）。道徳的判断を調べる際に，「ジレンマ課題」が
よく用いられる（表2−3）。ピアジェ（Piaget, 1932）は，「結果論的判断」か
ら「動機論的判断」へ道徳判断の基準が変化するとした。7歳頃までは行為の
意図よりも被害の大きさに注目し（例：コップ1個割るより，花瓶も花も玄関
も台無しにした方が悪い），それ以降の年齢では，行為の動機によって判断す
るようになる（例：ジャムを盗み食いしようとした方が悪い）。ハインツのジ
レンマで有名なコールバーグ（Kohlberg, L.）は，課題への理由づけから3水
準6段階の発達段階を示した（表2−4）。「前慣習的水準」は他律的道徳の段
階であるが，「慣習的水準」の判断基準は社会的に期待される行動や社会規範
や法である。「脱慣習的水準」になると，より普遍的な倫理に基づき自律的に
考え，法の遵守よりも生命尊重を考えるようになる。学童期の子どもの多くは，
道徳的推論の道徳的基準の内面化が進み，社会的価値と法律も考慮に入れるよ
うになるため，「盗みは禁止されているから，盗むべきではない」のような慣
習的水準の回答をするといわれる。

　トロッコ問題は，5人を救うために1人を犠牲にするという判断が条件によ
り変化してしまうことから，道徳判断に及ぼす感情の影響を示す代表的な課題
である。道徳的感情（共感性・公正感・感謝・恥・罪悪感など）は，他者のた
めになることをしようとする向社会的行動やルール・基準の遵守，集団での協
調や自己のコントロールなどに決定的な役割を果たしているといわれる（遠藤，
2020）。感情を含む直観は，道徳判断を大きく左右するのである（Haidt, 2001）。
　一方で，理性的な道徳判断をするためには，目標に向けて注意や行動をコン
トロールする実行機能（executive function）のうち，特に「抑制」との関連

表2-3　道徳的判断を調べるジレンマ課題の例（藤本ら，2019を一部改変）

【ピアジェ】
太郎君はお母さんが留守のときにイスに上って棚の上のお客さん用のジャムを取ろうとして手が滑って横にあるコップを1個割ってしまった。次郎君はパーティに来た友達のためにドアを開けたら，勢い余って玄関に飾ってあった花瓶を割って花がダメになって玄関が水浸しになった。太郎君と次郎君はどちらが悪い？

【コールバーグ】
ハインツさんの妻が難病にかかり，助かる道はただ一つ，ある町の薬屋が開発した高価な薬を買うこと。金策に走ったが半額しかできず，交渉したら断られた。妻が死にかけているので仕方なくハインツさんは夜に薬屋に忍び込んで薬を盗み出した。ハインツはそうすべきだったか？

【トロッコ問題】
1．暴走トロッコの先に5人の作業員がいて，このままでは全員死ぬ。ポイント切り替え機を操作すれば別の線路に行って，その先の1人の作業員が死ぬ。ポイントを切り替えるか？
2．暴走トロッコの先に橋がかかっていて，自分と太った男と2人でいる。自分が線路に飛び込んでもトロッコを止められず，その先の5人の作業員が死ぬ。太った男の背中を押して突き落とせばトロッコが止まり，男は死ぬが5人の作業員は助かる。男の背中を押すか？

表2-4　コールバーグの道徳性の発達段階
　（Buon, 2017を基に日本道徳性心理学研究会，1992；有光・藤澤，2015を参照して改変・作成）

水準1：前慣習的水準	道徳判断は，外的基準（例：悪い行動だから悪い）
〔第1段階〕	他律的道徳性。自己中心的観点から権威や名声に服従したり，規則を破って罰を受けるのを避けたりする。権威者と自分の視点の違いを理解していない。
〔第2段階〕	正しい行為が，あくまでも個人主義的。物理的な平等性やギブアンドテイクの原則に従う単純な平等主義者。
水準2：慣習的水準	道徳判断は，一般的に良い・正しいとされている行動基準。所属集団の慣習的な規則や他者からの期待を維持しようとする（例：世間の目に従う，組織のルールに従う）。
〔第3段階〕	「いい子であること」が重要な良い子志向。「友人として」「親として」など，一般的に求められる役割に従って行動・判断することで，善意や他者への配慮，信頼や忠誠，尊厳，感謝など相互的関係を維持しようとする。
〔第4段階〕	自分自身のために社会秩序を維持しようとする。既存の社会的義務と矛盾することがない限り，法律は守るべきものであり，葛藤の解決のために規則の必要性を認識する。
水準3：脱慣習的水準	道徳判断は，共有可能な基準・権利・義務に対する個人との調和が基準。現存の社会組織や規範自体を対象化して認識する（例：人格の尊重を優先する）。
〔第5段階〕	人々の価値観や意見は多様であり，価値と規則は恣意的であることに気づいている。社会組織は，個人の間の自由意志に基づく契約や法律の制定によって成立すべきと考える。
〔第6段階〕	良心もしくは原理志向であり，自己選択による倫理的原理に従うことが正しいとする普遍的倫理的原理の立場。固定された契約や契約の法律に従うのではなく，それらを正当ならしめる決定の手続きに注目する。原理は，普遍的な正義原理に従うため，人間としての権利を平等にし，一個人としての人間の尊厳を尊重する。すべての人が，すべての他者の観点に立って考えることを想定した上で同意に至る決定をする。

性が指摘されている（林，2011）。例えば，表2-3のピアジェの課題の太郎君と次郎君の行為について，太郎君と仲良しだから次郎君の行為が悪いと判断するのは適切ではない。適切な道徳判断をするためには，仲良しの太郎君への気持ちを抑制した上で，行為の善悪を判断する必要がある。学童期後半（10歳頃）には，期待はずれの誕生日プレゼントを受け取ったときに，がっかりした気持ちを制御して微笑むことで，相手との関係性の維持を重視するなど（Saarni，1979），他者理解と感情表出のルールに関する知識や理解の深まりとともに感情制御（emotion regulation）が発達するようにもなる。道徳性と規範意識の発達は，感情を理解し，制御し，生活に活かす力の発達という側面からも捉えていく必要があるだろう。

 **節　学校適応**

1──学びのスタイルの変化と不適応

　「小1プロブレム」という問題行動がみられる子どもの存在が指摘されて久しい。その背景として，汐見（2013）は，日本では乳幼児期の教育の中心である主体的で活動的な学びのスタイルが就学後に一挙に減り，形式的で受け身の教育が増えることを指摘している。現在，幼児教育と小学校教育との段差から生じる子どもの混乱を解消するため，幼児期後期からのアプローチカリキュラム，小学校入学後のスタートカリキュラムにより，幼児期から学童期への子どもの発達と学びの連続性を踏まえた教育がなされているが（木下，2019; 文部科学省国立教育政策研究所教育課程研究センター，2018），「学びの芽生え」から「自覚的な学び」へとつなぐカリキュラムの充実がよりいっそう重要である。
　小学校中学年頃になると，「9歳の壁（10歳の壁）」という現象がみられる。学習内容の抽象化と認知発達などの個人差により，学習についていけない子どもが目立ち始めるのである。一方で，4～6年生を対象にした調査では，教室でポジティブ感情を表出する子どもほど学級適応感が高く，ポジティブ感情の表出が多い学級に所属している子どもほど，学級適応感を強く感じやすかった（利根川，2016）。小学校中学年頃に訪れる壁を乗り越えるためには，学級への

居心地の良さや信頼され受容されている感覚，充実感，および学習に対する意欲が，教師と子ども，あるいは子ども同士という学級での良好な人間関係によって高まっていくことに留意した教育が必要であるといえるだろう。

2——すべての子どもの自己効力感を育む

　日本人の子どもは，自己を捉える枠組みとして個性よりも協調性を重視する傾向があり，小学校中学年になると自分を「ふつう」と表すことが多くなる（佐久間ら，2000）。「ふつう」を重視するあまり，学校には居場所がないと感じる子どもが不適応を起こす恐れがある。現代においては，学童期のネット上のいじめの心配の声も聞かれるようになり，いじめの問題は，もはや学校内だけの問題ではなくなっている（西野ら，2018）。さらに近年，知能が高く，非常に聡明で創造的で自立的思考の持ち主であるあまり，通常学級に適応できず，発達障害と誤診される「ギフティッド（gifted）」の存在も指摘されるようになった（Webb et al., 2016）。できるだけ多くの人が効力感を持ち得るためには，斉一主義から脱皮し，それぞれの人々の多様な価値観が受け入れられることである（波多野・稲垣，1981）。従来の「ふつう」の枠組みから脱却し，学童期の多様な個人差と子どもの文化を認め，その発達と教育を支えることが，ますます重要になっているのである。

 研究課題

1．学童期の子どもの他者と学び合う場面および一人で学ぶ場面を観察し，認知の発達と社会性の発達が相互作用的に関連していることを説明しよう。
2．学童期におけるギフティッドの発達の特徴と不登校の問題について調べ，「特別支援教育」の定義について話し合い，「特別」の意味を考えてみよう。

推薦図書

●『人はいかに学ぶか』　稲垣佳世子・波多野誼余夫　中央公論新社
●『子どもの社会的な心の発達 コミュニケーションのめばえと深まり』　林創　金子書房
●『わが子がギフティッドかもしれないと思ったら　問題解決と飛躍のための実践的ガイド』　ジェームス・T・ウェブら（著）／角谷詩織（訳）　春秋社

Column 2

メタ認知：自分と社会を見つめる目

次の文章は，小学 6 年生が書いた文章の一部です。

> 　ときどき私は，「なんで生きているのかな？　別にいいことないのに。受験とかにしばりつけられて，なんかいいことあるのかな」って思うんです。なんか，頭のいい人しかこの世に通用していけないみたいじゃないですか。頭より心なのに，心が良い人でも勉強が苦手だといい仕事につけないじゃないですか。逆に，心が悪い人でも，頭が良ければいい仕事につけるじゃないですか。でも，ちがうんです。やっぱり心なんです。
> 　……（中略）……
> 　生きるっていうのは，何かにしばりつけられてちゃだめなんです。自分で自分の生きる道を一生けん命進んで，そういうのが生きるっていうんじゃないのかな。一生けん命が増えれば増えるほど，強くなれるんじゃないのかな。

　学童期は，認知思考や道徳性の発達に大きな質的転換が生じると同時に，仲間についての捉え方も大きく変わり，規則や大人に対する見方に揺らぎが生じるため，学業での勤勉性を確保しながら，個の発達に応じた援助がますます求められる時期である（芝崎，2020）。上述した 6 年生は，中学入学を前に，勉強が高校受験のためのものになっていくような気持ちになったという。今まで好きで取り組んできた勉強が，やらされているような感覚になり，社会の成功者になるためにさせられているもののように感じ，なりたい自分と社会から求められる自分との葛藤が生じたのである。その葛藤は，これから大人になる自分自身へ生きる意味を問い，そのことを自己内対話として，書く行為へと駆り立てる姿となって現れている。

　小学校高学年は，抽象的な思考や他者や社会からみた自分を捉えるメタ認知が発達する中で，アイデンティティが揺らぎ始める段階に入っていく時期でもある。それゆえ，小学校入学時ではみられなかった心の葛藤も増える。幼小接続教育だけでなく，心の発達を支える小中接続教育もまた，考えていくべき重要な課題である。

第3章
青年期の発達

　青年期は，児童期と成人期の間の時期であり，子どもでもなければ大人でもないことが特徴といえる。日本では2022年4月より成年年齢が18歳に引き下げられるが，18歳になった高校3年生を大人とみなすことができるだろうか。2019年度（令和元年度）学校基本調査によると高等教育機関（大学・短期大学，高等専門学校および専門学校）への進学率は82.8%であり，就職をせず学び続ける若者は8割を超える。青年期の終わりすなわち成人期の開始を経済的・心理的自立と仮定するならば，18歳は自立した大人とは言い難く，青年期の終わりは延長し，そして青年期は拡大しているといえる。本章では現代の青年期の特徴を，様々な側面から解説し，現代に生きる青年の姿を考えていきたい。

1 節　生涯発達における青年期

1 ── 身体の発達的変化

　青年期に生じる身体的変化として二次性徴が生じることがあげられる。男性は，精通，声変わり，ひげや陰毛の発毛，筋肉の増大，女性は乳房の発達，陰毛の発毛，初潮，皮下脂肪の増大などが表れる。また二次性徴は性別による差が見られ，時期は女子よりも男子の方が遅く，体格面での増加量は男子の方が大きい。さらにタイミングや進度の個人差も大きく，女子の場合，友人や平均に比べて二次性徴の時期が早い（早熟の）場合，抑うつのリスクが高いことが報告されている（Ge et al., 2001）。また身体的変化の大きさそのものよりも，性的成熟への意味づけ，社会的文化的な性役割意識，さらには個人が自分の性をどのように受容するかが，心理的適応に影響すると考えられる。

2 ── 認知や非認知面の発達的変化

　ピアジェの認知的発達段階では，11〜12歳以降は形式的操作期にあたる。青年期には，抽象的で論理的な思考が可能になり，また現実の世界から離れ，可能性の世界から現実を捉えることができるようになる。現実世界からの脱中心化は，時間的展望を持つことを可能にし，過去に起こったことや，未来に起こるであろうことの予測が，現在の行動に影響を及ぼすようになる。認知発達に伴い時間的展望が発達することで，青年は主体的に自分の人生を生きることができるようになり，現在という時点において，過去，未来，そして現在について，積極的に関わりながら生きることができるようになる（石川，2017）。

　青年期に様々な能力を獲得していく一方で，この時期に感情や思考をコントロールする力である実行機能は，一時的に低下することが明らかになっている（森口，2019）。青年期には性ホルモンが分泌され，それが感情に関わる脳領域や報酬系回路に作用し，衝動性が急激に高まる。しかし抑制や調整の役割をもつ前頭前野の機能はその変化に追い付けず，アクセルが強すぎるためにブレーキでうまく制御できないという状態に陥ってしまうのである。実際にお金を使ったギャンブルテストを行うと，小学生や成人よりも中学生や高校生の方がハ

イリスクハイリターンの選択をしてしまうことが示されている。(Burnetta et al., 2010)。また青年期の実行機能は，仲間による影響を大きく受ける。ゲームを一人でやるときと友達の前でやる時を比較すると，友達の前でやる方が危険な行動を多くすることが示されている (Chein et al., 2011)。友達の前で調子に乗ったり，一緒に悪乗りしてしまうことは，実際によくあることであろう。一方で友達の存在が，問題ある行動を減らすことに作用することも示されており，仲間の存在は，良くも悪くも影響を及ぼすといえる。

 ## 節 自己の発達

1 ——青年期の自己概念の特徴

　青年期には，自分に関心が向くだけでなく，他者への敏感さも高まり，他者が自己についてどう思っているかを気にするようになる。また行動範囲の拡大や関係の広がりとともに，重要な他者（例：親，友人）と一緒にいるときの自己や，社会的文脈（例：家庭，学校）に従って変化する自己が増大し，関係に応じて自己が区別されるようになる。しかし，例えば友達と一緒にいるときはおしゃべりだが，父親と一緒にいるときは無口というように，それぞれの自己はあまり一致せず，矛盾していることが多い。その矛盾を解消して，自己表象を統合することは難しく，葛藤，混乱，不安が生じ，「どれが本当の自己か」という自己の真正性に関する懸念を抱いてしまうこともある。青年期後期になると，個人の信念，価値，基準を反映した属性が内化され，属性間や役割間の潜在的な矛盾を，柔軟性や適応性と評価することで解消できるようになる。

2 ——アイデンティティの確立

　青年期に生じる自分に関わる悩みとして，「自分とは何者であるか」というアイデンティティ（自我同一性）の確立に伴う課題もあげられる。エリクソンとエリクソン（Erikson & Erikson, 1998）は，生涯にわたる漸進的な心理社会的発達を示し，各時期に特有の発達課題を仮定した。発達課題は対の形で示されており，青年期は「アイデンティティ 対 アイデンティティ拡散」である。

アイデンティティとは，自分が自分であること（斉一性）と時間の流れの中での連続性を自覚することと，同時に自分の斉一性と連続性を他者が認めてくれているという事実を知覚することの統合である。

　アイデンティティは時間が経てば自然に獲得されるものではない。マーシャ（Marcia, 1966）は，危機（いくつかの選択肢の中で迷い，決定していくこと）と関与（自分のやりたいことに積極的に時間や力を注いでいるか）に着目し，アイデンティティ・ステイタス（地位）を拡散，早期完了，モラトリアム，達成の4つに類型化した。拡散は関与が明確でなく，関心もない状態を，早期完了は自ら決定することなく，親などの権威者と自分の目標に不協和がない状態を意味する。モラトリアムは危機の最中，つまりいくつかの選択肢はあるものの迷っている最中であり，自分のやりたいことを積極的に模索している状態である。達成はいくつかの可能性の中から自ら決定し，その決定に基づいて行動している状態を指す。これらの発達は一方向的に達成にむかうのではなく，揺らぎながら，複雑な過程をたどることが明らかになっている。青年期はまさにその揺らぎの中にあり，進路選択，就職活動などの過程の中で，現在の自分や他者から見た自分，そして将来の自分と向き合う時期といえるだろう。

3 ——自尊感情

　自尊感情（self-esteem）とは，自分自身を自ら価値あるものとして感じることを意味する（中間，2016）。自尊感情の発達的な変化をメタ分析した研究（小塩ら，2014）によると，大学生を基準として，調査対象者が中高生であると自尊感情の平均値が低く，成人以降であると平均値が上昇することが明らかになっている。つまり青年期前半（中高生）で低い状態から，青年期後半（大学生）で上昇し，成人期以降にさらに上昇していくのである。

　他の時期に比べて，青年期で自尊感情が低い要因としては，他者との関係性が広がっていく中で，外見的魅力や学力など様々な能力を他者と比較する機会が増えてくることや，前述のような自己概念の葛藤や混乱が影響していると考えられる。また反省的な思考や多様な視点が取れるようになるという青年期の認知発達に伴い，批判的思考態度（批判的に考えようとする態度や傾向性）が獲得されることが，自尊感情の低下の要因であることも指摘されている（加藤

ら，2018）。青年期の自尊感情の低下は，発達的には決してネガティブな現象ではなく，むしろ定型的であり，認知発達の観点から適応的な発達と捉えるべきかもしれない。

　さらに諸外国との比較から，日本人の青年の自尊感情の低さが明らかになっている。2019年度子供若者白書によると，「自分自身に満足している」という質問に「そう思う」という回答は10.4％のみで，「どちらかといえばそう思う」を含めても45.1％であった（図3−1）。一方，諸外国の青年では，肯定的意見が7〜8割であり，日本人の若者が自分に満足している割合は非常に低い。この結果には，謙遜を重視する日本文化や，個人の中に誇るべき特性を見いだすことを自己実現とするのではなく，意味ある社会的関係に所属し他者と協調的な関係を維持することを大切にする自己観（相互協調的自己観；Markus & Kitayama, 1991）の影響が考えられ，日本人特有の自己の捉え方が，自尊感情の低さの背景として根強く影響を及ぼしていると考えられる。このような背景を含め日本人にとっての自尊感情の意味を慎重に考えていく必要があるだろう（中間，2016）。

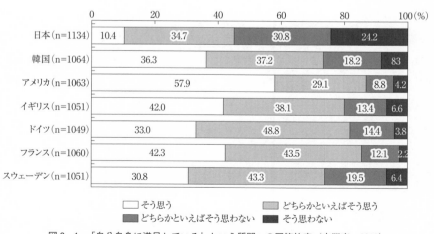

図3−1　「自分自身に満足している」という質問への回答比率（内閣府，2019）

3 節 対人関係の発達

1 ── 親子関係

　青年自身に生じる様々な変化は，親との関係にも変化をもたらし（図3-2），親と子は新たな関係を構築していくことになる（池田，2017）。

　青年期の親子関係は，親への抵抗や反抗を感じる第二反抗期や，乳児期の生理的離乳に対して心理的離乳といったから用語から捉えられてきた。しかしこの考え方は古いモデルとして，近年は新しいモデルが提唱されている（Santrock, 2012）。新しいモデルでは，親は重要なサポートシステムであり愛着対象であり続けること，親子関係と仲間関係は隔絶されているのではなく，つながりをもち相互に影響し合うものであると考えられている。また古いモデルで「疾風怒濤」と表現されていたような親子間の強いストレスフルな葛藤が生じるというよりも，適度な葛藤が一般的であり，親は子どもの発達に肯定的な役割を果たすと考えられている。日本の小中学生を対象とした調査（内閣府，2015）では，「親に反発を感じる」との回答は3割以下であり，親は「自分の気持ちをわかってくれる」とした回答は8割以上であることが明らかになっている。現代において，多様な困難を抱えた親子がいることは事実ではあるものの，比較的良好な親子関係が築かれているといえる。このような結果からも新しいモデルに基づいて親子関係を捉え，多様な親子を支援していくことが必要であろう。

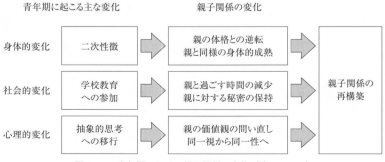

図3-2　青年期における親子関係の変化（池田，2017）

2——友人関係

　青年期では，親や家族に加え，友人との関係の重要性が高まってくる。友人は単に一緒に遊ぶ仲間というよりも，お互いの内面を共有する親密性の高い存在となる。松井（1990）は青年期の友人関係の役割として，緊張や不安，孤独などの否定的感情をやわらげ解消してくれる存在としての「安定化機能」，対人関係場面での適切な行動を学習する機会となる「社会的スキルの学習機能」，友人が自己の行動や自己認知のモデルとなる「モデル機能」をあげている。

　一方で現代の青年の友人関係の希薄化も報告されている。岡田（2010）は，①見かけ上の円滑な関係を求める群れ傾向（仲間はずれにされることを恐れ，実際以上に明るく振る舞い，深刻な話題を避ける傾向），②傷つけあうことを恐れる傾向，③他者に無関心で関係そのものから退却する傾向の3つに分類している。青年期の友人関係を考えていく上では，親密さと希薄さという，相反する傾向を考慮する必要があるだろう。

3——性や恋愛の不活発化

　近年，青年の性への向き合い方が，大きく変化していることが報告されている。図3-3に示すように，日本性教育協会の調査（2019）によると，「性的なことへ関心を持った経験がある」という回答が，高校生では1981年から1999年にかけて男子で9割を超える程度，女子で8割をやや下回る程度で推移していたが，2005年以降に男女ともに大幅に減少している。その傾向はとくに女子で著しく，2017年調査において，男女で約34％もの差がみられている。性に対するイメージも，2011年にかけて否定的イメージ（楽しくない）の増加が見られ，特に女子で顕著であることが示されている。

　あわせて性行動も変化していることが報告されている。2005年の調査までは，性行動の早期化や日常化が報告されていたが，2011年の調査から一転して経験率の低下が確認され，2017年でもさらに低下し，性行動の不活発化が進んだことが明らかになっている（大学生の性交経験率の2005年→2017年の変化は，男子約63％→47％，女子62％→37％）。

　恋愛に関しても不活発化に類似した傾向が明らかになっている。高坂（2011）

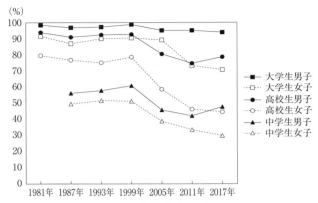

図 3-3　性的なことへ関心を持った経験がある割合の推移（日本性教育協会，2019）

の調査によると，大学生の18.0％が恋人を欲しいと思わないと回答している（コラム参照）。このような現代の恋愛や性の消極化，不活発化の背景には，インターネットやSNSなどが他者との関係を持つことの方法や意識を変化させた可能性が想定される。さらに，恋愛や性が自由化された結果として，自分自身の選択が引き起こすネガティブな結果についても引き受けねばならなくなり，楽しみやチャンスとしてではなく，恋愛をリスクやコストとして捉えるようになる「リスク化」が生じたことも指摘されている（高橋，2013）。はたしてこの傾向が続いていくのか，注目していく必要があるだろう。

4 節　青年期の問題行動と適応

　青年期にみられる問題行動として，非行，いじめ，ひきこもりなどがあげられる。それらは青年期の問題は，外在化問題と内在化問題に分けて考えられる。外在化問題とは，自分の外に向けて，すなわち他者に危害が及ぶような行動であり，非行やいじめなどが含まれる。一方，内在化問題は，自分に向けられた問題であり，不安や抑うつ，自殺念慮，不登校やひきこもりなどが含まれる。

　これらの問題行動の発生には，その発生の可能性を高めるリスク因子が複数関わっている。一方で，問題行動の発生の可能性を低めたり，リスクに対して緩衝的に働く保護因子も着目されている。図3-4には青年期の危険行動の発

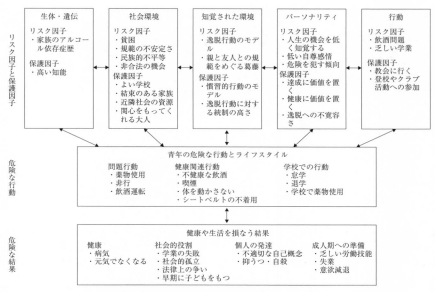

図3-4　青年期の危険な行動をめぐる枠組み（Jessoer, 1998／白井，2013）

生に関わるリスク因子と保護因子が具体的にあげられている。これまで述べて
きた親子関係や友人関係は，問題行動を引き起こす要因にも，遠ざける要因に
もなりうる。また青年自身の個人の要因も同様である。困難な状況下で，肯定
的な適応を可能にしていく個人の特性をレジリエンスと呼ぶが，近年は個人の
特性だけでなく，個人と環境との相互作用として捉えられ，社会からのサポー
トや適切な機会がレジリエンスを高める重要な要因と考えられている。

研究課題

1．青年期の親子関係と友人関係について，過ごす時間，関係の深さ，葛藤などから，共通
　　点や差異を考えてみよう。
2．青年期の問題行動のリスク因子と保護因子を，具体的にあげてみよう。

推薦図書

●『レクチャー青年心理学：学んで欲しい・教えてほしい青年心理学の15のテーマ』　高坂
　康雅・池田幸恭・三好昭子（編）　風間書房
●『「若者と性」白書：第8回青少年の性行動全国調査報告』　日本性教育協会（編）　小学館

Column 3

恋人をほしいと思わない青年

　一般的に，青年は恋愛に関心があり，恋人が欲しいと思っているとの暗黙の前提がある。また恋愛関係にある者の方がない者に比べ，抑うつの程度が低いこと（神薗ら，1996）や，青年が恋愛関係をもつことによって「自己拡大」「充実感」を抱くこと（高坂，2010）など，恋愛関係をもつことで，青年の精神的健康や心理的発達へのポジティブな影響があることが示されている。

　しかし高坂（2011）の調査によると，大学生の18.0%が恋人を欲しいと思わないと回答している。また2015年の「結婚と出産に関する全国調査」でも，「交際している異性はいない」と回答した未婚者の割合は，18-19歳の男性77.3%，女性68.8% であり，さらに「交際相手を持たず，交際も望んでいない」人は男性32.7%，女性34.9% であった。この結果から，恋愛関係にあることや恋愛に積極的であることは，現代青年の一般的な姿とは，必ずしも言えないだろう。

　ではなぜ恋人を欲しいと思わないのか。高坂（2013）は大学生を対象とした調査から，①恋人がいることによって時間的・心理的・労力的な負担が生じると考える「恋愛による負担の回避」，②自分自身が異性から魅力的にみられる自信がなく，異性とどのように関わってよいかもわからない「恋愛に対する自信のなさ」，③仕事や勉強，アルバイトなど，毎日やることが多く，"恋愛"という活動を入れられないほど現在の生活が満たされている「充実した現実生活」，④恋愛することの意味や価値を見いだせない「恋愛の意義のわからなさ」，⑤失恋したばかり，以前の恋愛を忘れられない，あるいは以前に嫌な経験をしたことがあるなどの「過去の恋愛のひきずり」，⑥恋人は欲しいと思ってできるものではなく，自然な流れでそのうちできると考えている「楽観的恋愛予期」の6つに分類している。そして恋人を欲しいと思わない青年の中にも，恋愛以外で現在が充実していて，そのうち恋人はできると思っている青年（理由③⑥）もいれば，恋愛に自信がない青年（理由②④）や恋愛を拒否している青年（理由①③④）もおり，様々なタイプが存在していることを示している。

　現代の日本では，未婚化，晩婚化，それに伴う少子化という課題がある。恋人が欲しくない青年の存在は，それらに直結する課題とも考えられるが，一方で，これまで当然と思われていた「青年は恋人がほしい」という暗黙の前提を再考することが必要なのかもしれない（高坂，2016）。

第4章
成人期・中年期・高齢期の発達

　「発達心理学」ではなく，「生涯発達心理学」という呼称を耳にすることが増えている。これは，「発達」とは「成長・獲得」も「老化・喪失」も含むものであり，「発達するのは子どもだけではなく，成人しても高齢者になっても人は生涯を通して発達していくものである」という認識に基づくものである。

　さらには成人期以降でも，「成長・獲得」の発達場面は多く見られる。保育現場でも「一人目の保護者」と「二人目以降の保護者」では様子が違うという声を耳にする。これは子育てという経験を通して大人も成長しているということを意味する。研究でも「親としての発達」に関する知見が蓄積されてきている。

　この章では，「生涯発達心理学」の観点から，人が成人してからのち，どのように発達していくのか，どんなところが発達していくのか，学んでいきたい。人という存在の奥深さや面白みを味わいながら，各自で「生涯を通して発達する」ことの意味を考えてみよう。

1 節 生涯発達における成人期・中年期・高齢期

1 ── 成人期

　成人期の年齢は狭義では20代後半から30代までを指すが，広義では中年期も含めて捉えられることもある。ここでは，狭義の意味での成人期について学んでいく。エリクソンとエリクソン（Erikson & Erikson, 1998）は 6 番目にあたるこの時期の心理社会的危機を「親密　対　孤立」としている。この時期には，学校や家庭の中で守られて社会的な投資を受けるモラトリアム期間を脱した若者が，いよいよ社会に参入していく。就職・結婚・出産・育児という多くのライフイベントもこの時期に発生する。その際，職場での同僚や配偶者，友人との関係性を維持・発展させていくことが重要である。こうした身近な人々との関わり合いの中で，社会人として，親として，社会的な発達を大きく遂げていくのが成人期と言えよう。

2 ── 中年期

　中年期は成人期の一部として捉えられることも多いが，40代〜60代前半を独立して指す時期である。壮年期と呼ばれることもある。エリクソンとエリクソン（Erikson & Erikson, 1998）は 7 番目になるこの時期の心理社会的危機を「世代性　対　停滞」としている。この時期は，仕事においては責任のある立場を任され，部下の育成や指導にあたる人も多いだろう。また，家庭においては子育ての時期とも重なる人も少なくなく，それらはまさに「世代性」であり「次世代への継承」の役割を担うということである。同時に，身体的な衰えを自覚する時期ともいえる。更年期障害を経験する人も少なくなく，精神的に不安定になることもある。このような時期であることで，中年期は従来から「思秋期」や「人生の午後」などと言われてきた。しかし生涯発達の観点から言えば，後述する「中年の危機」を経験するこの時期は，自分を構成する様々な部分を内省し，再吟味し，新たな自分と向き合うことで人間的にさらに成熟するという大きな可能性を秘めていることも忘れてはならない。

3——高齢期（老年期）

　高齢期は老年期と呼ぶことも一般的であり，60代後半〜の時期を指す。エリクソンとエリクソン（1998）は8番目のこの時期の心理社会的危機について，「統合性　対　絶望」と提唱している。自分のこれまでの歩みを振り返り，葛藤や困難も含めて自分の人生に必要であったと意味づけ統合できるかということが重要である。高齢期と一口に言っても，平均寿命が長期化している超高齢社会の昨今では，74歳までの前期高齢者と75歳以上の後期高齢者では様相がかなり異なる。実際にバルテスとスミス（Baltes & Smith, 2003）においても，身体的な側面だけではない違いも顕著であるとされ，前期高齢者では生活満足感やウェルビーイング（well-being）が高いが，後期高齢者では慢性的なストレスが高いとしている。無論，心身両面において個人差も大きいことから，その高齢者に適応した形での社会参加のあり方を提供し，必要ならば介護をはじめとした支援の程度や方法を考えていく必要があるだろう。

 節　**キャリアの発達（成人期・中年期）**

1——キャリアとは

(1) キャリアの定義

　成人期になれば，それまで社会から投資されていた青年期を脱し，社会的に生産活動をしていくこととなり，自分の「キャリア」と向き合わざるを得ない。ただし「キャリア」と一口に言っても，その意味や定義には多様性が見られる。

　スーパー（Super, 1980）は「キャリア」を職業だけに限定せず，「生涯における自己関与と様々な役割の連続であり，個人が求めることで存在するもの」と述べており，自己概念の形成がキャリアの実現を導くとしている。ゆえにキャリア発達を「選択と適応の連鎖プロセス」の繰り返しと表現し，このプロセスを通して人は生涯発達していくと論じている。シャイン（Schein, 1990）は，キャリアを個人と組織との双方から捉え，両者を調和させながら個人のキャリアを形成していくとしている。そしてそのプロセスで重要な働きをするのが

「キャリア・アンカー」であり，これは自分が本当にやりたいことをよく考えるための拠り所であり，難しい選択を迫られたときでも放棄することのない自己概念を指す。

このようにキャリアの発達には自己概念が関連しているとされるが，キャリア発達を左右しうる重要なもう一つのものが「アイデンティティ」である。

(2) キャリアとアイデンティティ

青年期の発達課題はアイデンティティの確立であるが，成人期になれば，そのアイデンティティを土台にして自分のキャリアを形成していくことになる。成人期前期は，自分の選択した（あるいは選択"された"）領域でキャリアを積むことになるが，多くの人によっては試行錯誤もあり，徐々に自分の適性や職業上で本来的に求めるもの，立ち位置，職場における他者との関係の取り方などが明確になってくる。そして中年期に入る前までは自分のキャリア・パターンが確立されてきて，自分で方向づけたキャリアを成熟させていく。この時期は，新たに家族を形成する成人も少なくないだろう。そのため，自分のキャリア選択の際には職務の内容や職場環境という要素以外の材料，例えば勤務時間や福利厚生の充実度などもキャリアの維持にかかわってくるだろう。

2 ── アイデンティティの危機

(1) アイデンティティの再体制化

中年期に入ると，身体面では衰えの自覚，社会的な面では職場でのいわゆる中間管理職的な立場となることによる業務や責任の増大など，人は様々な変化を自覚する。その中でもキャリアの発達と関連があるものとしては，アイデンティティの危機（岡本，1997）である。中年期は，青年期で確立したアイデンティティが揺らぎ，それを自覚し，改めて自分の中で内省し，それに伴い自己概念や対人関係のあり方が変容する。その際に，自分のこれまでの人生への問い直しを行い，キャリアを含めたこれからの人生について主体的に模索する過程を経て，アイデンティティが再体制化されていくのである（表4-1参照）。

もちろんすべての人がアイデンティティの再確立を達成できるわけではない。岡本（1985）の面接調査によると，「再生アイデンティティ達成型」「積極的自己受容型」「安定マイペース型」はアイデンティティ達成が見られるが「模索

表4-1　中年期の自我同一性再体制化のプロセス（岡本，1985より一部抜粋）

段階	内容	説明・具体例
Ⅰ	身体感覚の変化の認識にともなう危険期	体力の衰え，体調の変化への気づき，バイタリティの衰えの認識
Ⅱ	自分の再吟味と再方向づけへの模索期	自分の半生への問い直し，将来への再方向づけの試み
Ⅲ	軌道修正・軌道転換期	将来へむけての生活，価値観などの修正，自分と対象との関係の変化
Ⅳ	自我同一性再確定期	自己安定感，肯定感の増大

最中型」は中年期のモラトリアムとされ，「軌道内安定志向型」「停滞・妥協型」は予定アイデンティティ，「不安防衛型」「現実逃避型」はアイデンティティ拡散の状態であるという。岡本（1997）では約半数の人たちは青年期のアイデンティティステイタスから異なるタイプに変化したが，青年期においてアイデンティティの確立を達成した人たちの8名中5名は中年期でもアイデンティティの再確立を成し得ていた。青年期におけるアイデンティティ形成のあり方が中年期のアイデンティティの再体制にも重要な意味を持つという研究結果は，アイデンティティにおいても生涯発達の視点が必要であるという面で興味深い。

(2) 空の巣症候群

　アイデンティティに関連する中年期の危機として想定されるものに，「空の巣症候群」がある。これはおもに専業主婦として子育てに注力した女性が，子どもの自立に際して母親役割の喪失を伴うことで生じる心身の不適応状態である。ただしラウプとマイヤーズ（Raup & Myers, 1989）は「空の巣症候群」の研究はもともと精神的に不安のある女性を対象としていることから，実際にはそれほど多くないとも指摘している。更年期障害などの身体的な不調と関連する不安を別にすれば，女性たちはたとえ職業を持っていないとしても，子どもの自立によってそれまでの重荷から解放されて自由を満喫し，自分や夫婦のために時間やお金を費やせることに期待を抱くとも考えられる。また，「空の巣症候群」に陥りやすい要因として，ラウプたちは時代背景や文化的な規範とともに夫婦の関係性，仕事かそれ以外に重要な活動があるかどうか，そしてその女性のコーピングスキルなどをあげている。我が国の「空の巣症候群」については大規模な研究は見られないことから，今後の研究の蓄積が待たれる。

3 節 高齢期の身体的・心理的発達

1——高齢者の認知的な特徴

(1) ワーキングメモリ

　「最近，物忘れがひどくなった。」などという会話をどこかで聞いたことはないだろうか。実際に，老年期に入ると記憶は全体的に低下していく。その中でも特に高齢者になると著しく低下すると言われているのがこのワーキングメモリ（作業記憶）であり，様々な実験課題や論考でそれが示されている（例えば苧阪，2009）。ワーキングメモリの低下によって文章理解や暗算などに支障をきたすようになるのはもちろん，日常生活においても物の置き忘れや火の消し忘れ，運転中の事故などの危険性も増加する。高齢者を持つ家族やその支援者は，ワーキングメモリの低下という現象を念頭に置いたうえで，どんな支援が望ましいのか，研究知見からも個別事例からも探っていく必要があるだろう。

(2) 知能

　ホーンとキャッテル（Horn & Cattell, 1967）は，「流動性知能（情報処理能力）」と「結晶性知能（社会的文化的な知識や語彙）」という枠組みを提示した。高齢者は流動性知能が低いが，結晶性知能は維持されるという。結晶性知能は学習や経験の影響を日々受けるものであることから経験の浅い青年期よりも高い。「創造性」についても，下仲・中里（2007）によると，「流暢性」「柔軟性」などの思考における量的な部分は低下するが，「独創性」という思考の質的な創造性は維持されうる（コラム4参照）。「英知（実践的な場面における成熟した知識）」も，加齢とともに向上すると想定されている。重要なのは，老年期はすべての知的な能力が下降するというわけではなく成人期の高さが維持され伸びていく可能性も見られるいうことを，我々が知っておくことである。「おばあちゃんの知恵」は科学的にもそのメリットが見出されているのだ。

2——高齢者の身体的な変化

(1) 感覚機能の低下

　老年期になると，感覚機能の低下にも直面する。その中でも一般的には老眼

と難聴などがよく見られる。その影響で，階段につまずきやすくなって身体の健康面に影響したり，他者とのコミュニケーションがとりづらくなり，精神的に不安になったりするということが生じる。感覚機能の低下は中年期から徐々に起こっていることから，自覚しがたいという点も問題である。

(2) 健康寿命とフレイル

　身体的な老化にあらがうことは簡単ではないが，近年，平均寿命よりも「健康寿命（日常生活を自立して営める期間）」を重要視しようという考えが広まっている。後期高齢者となれば身体の老化をまぬがれないが，それ以前でもそれ以降でも，個人の意思が尊重されるべきであろう。なお，自立して生活をするための日常生活動作が阻害される一歩手前の状態を「フレイル」と呼び，これは身体的機能の低下や精神的健康の悪化を招くことが多い。しかしフレイルの状態で活動機能は低くとも，心理的適応や主観的幸福感が高い人もいる。人の精神的な状態は，身体面からだけでは語れないということであろう。これは，高齢者が最後まで自分の納得できる人生を生き抜くことができ，そしてそれをサポートすることで周囲も報われる可能性があるということだとも言えよう。

3——高齢者をとりまく社会と当事者の心理

(1) 周囲の人との関係性の変化

　老年期に入ると，定年退職や子どもの成長に伴い周囲の人間関係が大きく変化する。例えば，職場での人間関係が疎遠になることや，それまで自分がケアをする側の立場だったものが逆に子どもにケアされるようになる時期もくる。一方で，孫という新しい存在ができることもあり，自宅で過ごすことが多くなったことから近隣地域の人たちとの交流が増えることもある。また，もともとあった関係性も状況が変わればそれに付随して変化していくだろう。具体的には夫婦で向き合う時間も増えたことによる関係性の変化等である。ここでカーンとアントヌッチ（Kahn & Antonucci, 1980）の研究から抜粋した図4-1を参照してほしい。加齢に伴う「ソーシャル・コンボイ（その人が有する社会的なネットワーク）」の変化が一目瞭然である。変化にたえるには，1つだけではなく，セーフティネット的な複数の場やネットワークを持つ方が望ましい。

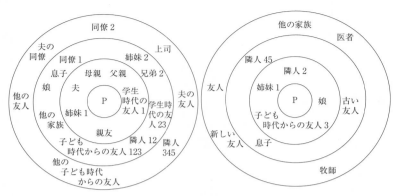

図4-1 ある女性のソーシャル・コンボイの生涯発達的な変化（Kahn & Antonucci, 1980より作成）
注）人物の後ろにある番号は，その人物の識別番号（1桁ずつ）である。

(2) 介護にかかわる心理

　「介護」というと，介護をする側の心理状態について問題提起されることが多い。例えば介護福祉職のバーンアウトや家族内ケア役割で生じるストレスなどである。介護をされる高齢の当事者の心理は，一般的には感謝や集団との結びつきという面でポジティブなものと想定されるが，本当にそれだけであろうか。興味深い海外の研究を紹介したい。アンとマルホトラ（Ang & Malhotra, 2016）は，シンガポールの高齢者を対象にケアを受けることと抑うつ症状との関連を検討している。その結果，ケアを受けることは受け手の自律の感覚を減少させ，抑うつ症状を加速させてしまうことがわかった。これは女性の高齢者に顕著であったという。高齢者の自律への欲求や自尊心を損なわないよう，ケアの受け手の心理についても考慮していく必要が示されたと言えよう。

4——サクセスフルエイジング

(1) プロダクティブエイジング

　老年期に入り社会の第一線から退いても，その個人なりの方法で様々な場面において活躍している人たちがいる。朝，子どもたちの通学場面で安全のために見守り活動を行ってくれている方々に会ったことがあるだろう。その他，シルバー人材センターを通して，高齢者の方に子育て支援の依頼をしている例も多いだろう。有償無償に関係なく，社会的な貢献をしてくれている高齢者の方々が

「プロダクティブエイジング」いわゆる「創造的老い」(藤田, 2007)を実現している人たちである。超高齢社会で定年退職から先の人生が長期化している中，高齢者が社会で何らかの役割を見つけることは今後ますます重要な課題となろう。

(2) QOL（クオリティオブライフ）：生活の質

　高齢者が何らかの役割を持つことも重要であるが，役割の喪失も多く経験するのが老年期である。しかし喪失を経験しながらも，主観的幸福感が高い人々がいる。主観的幸福感は，その人の生物的な側面や社会的な側面における加齢の影響をそのまま受けるわけではないからである。例えば，青年期の理想自己と現実自己の乖離において，青年期は現実の自己を理想の自己まで高めようとするが，老年期は理想自己を現実自己に合わせることで自尊感情を保っているのである（松岡, 2006）。その他，活動的で積極的な高齢者の例もメディアを通して散見されるようになっている。さらに，「老年的超越」(Tornstam, 1989) というある種の悟りの心理に達したような高齢者の存在も見られる。これらはすべて，QOL が高いであろう高齢者のあり方のひとつと言える。

　最後に，「祖母仮説」について触れておこう。これは，生殖の時期を過ぎた女性がその後もかなり長く生きるのは，子孫の生存率や栄養状態の向上のため，すなわち子育て支援を行う必要不可欠な存在であるから，というものである。老年期の発達は「老化」だけではない。高齢者ならではの「成長」や高齢者から我々が受ける恩恵に，目を向けるべきであろう。

📝 研究課題

1. 青年期の発達課題とされている「アイデンティティの確立」が，成人期の「就職」や「結婚」というイベントにどのような影響をもたらすのか，自分なりに考察してまとめてみよう。
2. 「空の巣症候群」に陥らないようにするためには，いつからどんなことを意識して行動したらいいのか，話し合ってみよう。

📖 推薦図書

- ●『女性の生涯発達とアイデンティティ：個としての発達・かかわりの中での成熟』　岡本祐子（編著）　北大路書房
- ●『よくわかる高齢者心理学』　佐藤眞一・権藤恭之（編著）　ミネルヴァ書房

Column 4

高齢者と「創造性」

　皆さんは，「創造性にあふれる人」と聞いて，まずはどんな人を思い浮かべるだろうか？　「創造性」というと，何となくフレッシュでエネルギッシュな能力というイメージをもたれる人も多いだろう。だとするならば，「創造性にあふれる人」とは，理科が得意な高校生か？　それともいろんな遊びや学びを体験中の児童か？　実は近年，この問いに関する新鮮な知見が加えられた。創造的な人々は「高齢者」であるというアメルら（Amer et al., 2016）による研究である。

　アメルたちは，目的を達成するために余計な情報を統制して注意を集中する能力，すなわち認知的なコントロール能力の低さが創造性を高めるのではないかと述べている。そしてこの認知的なコントロール能力が比較的低いのが，他でもない高齢者，そしてまだその能力が未発達な幼児なのである。彼らの実験では，若年成人と高齢者とを対象にし，創造性についてのテスト"RAT"（remote-associates task），すなわち遠隔連想課題をさせている。例えば，実験協力者（対象者）は"ship""outer""crawl"という3つの単語を見て，それら3つに関連する新たな4つ目の単語（この場合は"space"）を解答する，というものである。この実験課題で，高齢者は若年成人の成績を凌いだのである。

　話はこれだけで終わらない。さらには実験室での決められた課題よりも，日常的に生活する上で生じてくる問題解決場面でこそ，高齢者のこのような能力が活かされるとも論じられている。我々の日々の生活で生じる問題は焦点化された実験室での明確な課題というよりも，もっと漠然としていて，どんな情報が役立つか，無関係かなどが判断できないものであるからだ。だからこそ過去の経験や周囲の様々な情報を総合して解決策を導き出すことが必要というわけだ。このように雑多な情報の中からある一定のパターンを見出しうる能力は幼児の言語習得にも関係する。幼児の発達の力や学習能力に疑いを抱く人はいないだろう。ところが，高齢者に対してはどうだろうか。アメルたちの研究は，我々に高齢者ならではの素晴らしい力を想像させてくれる。高齢者となり，計算や注意の切り替えなどに困難をおぼえる人も少なくないかもしれない。しかしながら，注意の制御や集中が不得手だからこそ，創造的な力は解放されるのだ。

第5章
家族・家庭の意義と機能

　家族という言葉は日常でよく使われる言葉である。子どもとして，夫として妻として，親としてなど，それぞれがいろいろな立場や形で家族を経験している。しかしその経験や思っている家族は決して同じではなく，家族とは何かを定義することは実は簡単なようで難しい。それぞれに置かれた立場や構成メンバー，そして時期によっても，家族の形や経験は異なるものになる。

　また子どもにとって家族とは，人生の中で初めて出会う社会である。育ちのプロセスで，家族は理解を得て強い絆でつながる場や対象であると同時に，困難を抱え，傷つきを経験する場ともなる。現代社会では家族の形も多様になり，様々な家族を前にして，支援者は１つのあるべき形を家族に求めるのではなく，また自分がもっている家族観を相対的に眺められることが求められる。

　本章では，家族とは何か，また現代の家族について多面的に理解を深めることを目的とする。

1 節 家族・家庭とは

1——家族についての定義：家族とは何か？

　家族とは日常で広く使われる言葉であり，誰もが様々な立場や形で家族を経験している。しかし，家族とは何か，誰を家族と思うかを問うと，そのイメージするところは人によって大きく違うことに気づくだろう。また家族という用語がその集団を指すこともあれば，同居する人を指すこともある。実は家族について明確な定義はなく，何をもって家族とみなすかは個々によって異なる。

　ここでは，家族についての定義を整理する。代表的なものでは，森岡・望月（1997）が「家族とは，夫婦・親子・きょうだいなど少数の近親者を主要な成員とし，成員相互の深い感情的関わりあいで結ばれた，幸福（well-being）追求の集団である」と定義している。また1983年の国民生活白書では，家族は「婚姻と血縁を基礎とし，夫婦を中心に，その近親者らとともに営まれる生活共同体」とあり，家族とは，血縁あるいは婚姻の関係にあるつながりや，情緒的な関係，また生活としての共同体を想定していることがわかる。なお，家族と類似して使われる用語である家庭とは，情緒的交流のある生活の場を意味している（柏木，2003）。

　それでは，血縁関係あるいは婚姻関係がないと，家族ではないのだろうか？例えば上野（1994）などは，どこまでを自分の家族とするかは個々の認識の問題であり，その違いを決定する権限は個々人に備わっているという考えから「家族同一性（ファミリー・アイデンティティ）」という概念を示している。現代では，子どもがいない家族やひとり親家庭，里親や養子縁組の親子，同性カップルなど，生活共同体や血縁関係，法的なつながりという定義では含みきれない家族も多い。家族とは客観的に定義できる形があるのではなく，時代によって変化しており，現代では特にその定義が多様なものへと変わりつつある。

2——家族の分類

　家族の形態について分類したものには，核家族と拡大家族がある。核家族とは，夫婦と未婚の子どもの二世代からなり，それ以上は分解しえない関係を指

す。夫婦のみ，またひとり親と未婚の子どもからなる家族も含まれる。これに
対し拡大家族とは，世代的に広がりのある家族形態であり，子どもが結婚した
後も親と同居する三世代家族はその代表的な一形態である。

　生物学的な分類には，定位家族と生殖家族がある。定位家族とは，子どもの
世代からみたときに子どもとして生まれ育った家族であり，原家族ともよばれ
る。親子関係に支えられた家族である。子どもは生まれる家族を選択できない
が，成人し結婚して子どもを生み育てることによってつくられた家族を生殖家
族という。夫婦関係で支えられた家族で，子どもをいつ何人産むかといった選
択によって家族を形成していく。しかし近年では，定位家族から独立して生殖
家族を形成するという単一の生き方は当てはまらない例も多く，結婚をするか
しないか，子どもをもつかもたないかなど，家族をめぐる選択は多様化している。

　このように家族の範囲や形態は様々であるため，社会の中での家族を把握す
る際に調査の手がかりとして用いられているのが，世帯という概念である。世
帯とは消費生活の単位であり，住居と大部分の生活（生計）をともにしている
ことを条件とする統計上の集団の単位，もしくは独立して生活を営む単身者と
定義され，5年ごとの国勢調査では，この世帯という概念で家族の生活実態を
統計的に把握している。血縁の有無は問わず，したがって世帯と家族は厳密に
は対応しないが，共住か同一家計かという点で把握するため，単身赴任の親や，
進学で一人暮らしをしている子どもも含めて1つの世帯と捉えることができる。

3——世帯規模の縮小と多様化

　「国民生活基礎調査」で平均世帯人員数の推移（図5-1）をみると，1世帯
あたりの平均構成人数は減少傾向にあり，家族の規模が縮小していることがわ
かる。また平均世帯構成割合の推移（図5-2）をみると，三世代世帯が減少
し，一方で単独世帯は増加傾向にある。近年では夫婦と子どもという核家族世
帯も減少に転じ，子どものいない夫婦，高齢の夫婦，そして単身世帯が増えて
おり，現代の家族は世帯の規模と構成が縮小していることがわかる。また近年，
DINKS（子どものいない共働きカップル）やDEWKs（共働きで子どもを育
てる家族）といった形の家族もみられるようになり，家族は縮小化と同時に多
様化している。

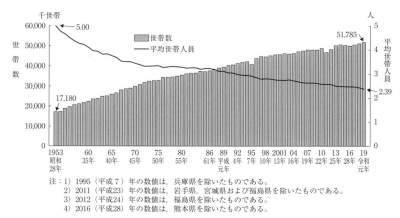

図5-1　平均世帯人員数の推移（厚生労働省，2020）

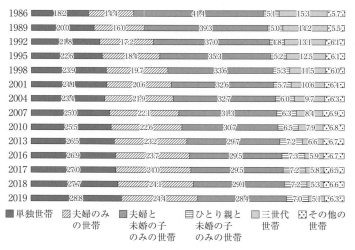

図5-2　平均世帯構成割合の推移（厚生労働省，2020より作成）

2節　家族の機能の変化

1——家族の機能

　家族は多面的な機能を担っているが，文化によって多様であり，また時代によっても大きく変化している。家族の機能について柏木（2003）は，家族に対

する機能（対内的機能）と社会に対する機能（対外的機能）に大別している。対内的機能とは，家族は休息・食・性など生理的基本的要素が家族メンバーすべてにとって充足される場であり，子どもにとっては成長・発達にとって不可欠であるとする家族固有の機能である。また，この機能は多くの場合，結果的に社会的機能を果たし，社会に効用をもたらしていると指摘している。

　またパーソンズ（Persons, 1964）は，家族の機能は時代とともに変化するが，衰退することのない基本的な家族機能として，子どもを社会の構成員にする第一次的社会化と，成人のパーソナリティの安定化というパーソナリティ機能をあげている。近代化，そして産業化という社会の変化に伴い，それまで家族が直接担っていた機能は代わりに社会で担われるようになったが，単に家族機能が縮小したのではなく，家族本来の機能に専念できるようになったとしている。

2——家族機能の変化

　家族は，産業化に伴う社会の変化に伴って，その果たす役割も変化してきた。近代工業化以前の日本は，農業を中心とした農村社会が主流であり，家族で家業に従事するという形が一般的であったため，この時代の子育ては労働の再生産という点から重要とみなされた。仕事（家業）と家庭が不可分であったので，子どもは，幼いうちを養えば自然と家の仕事に組み込まれ労働力となり，また老親の扶養が期待され，多産となった。一方で三世代家族が一般的であったことから，子育てや介護は家族の中で担われ，また近隣と助け合うことの必要性から地域のつながりも重要とされた。

　しかし戦後，家族は急激に核家族化し，家族の形態や機能は大きく変化することとなった。核家族化の背景として，森岡・望月（1997）は産業化，夫婦家族性の理念の浸透，人口の年齢構造の3点をあげている。まず，戦後の高度経済成長で産業構造が高度化されると，農業などの第一次産業が衰退し，第二次・第三次産業が発展した。工場や会社などに雇用される形での労働が主流となり，職場と家庭が分離した。また雇用された労働力は，会社などが集中する都市部に移動することになり，多くの若い世代は配偶者と子どもを伴って，あるいは単身で都市部に移動し，老親は地域に残った。加えて戦後の憲法制定や民法改正で，明治期以来の家制度が廃止され，夫婦中心の家族形成である夫婦

家族制の理念が浸透し始めたことも，このような世帯形成を促すこととなり，核家族化するとともに地域とのつながり（地縁性）が失われることとなった。また，わが国では1920年代から出生率が緩慢に低下する一方，乳児死亡率は急激に低下し，1950年にかけて人口は増加した。しかし戦後出生数が減少し，少子化が加速した（厚生労働省，2018）ことも核家族化の要因となった。

3 ── 現代家族の特徴

　このように家族の機能は社会から大きく影響を受けて変化してきたが，現代家族の特徴として主に次の点があげられる。

　1点目は，家族関係の縮小化である。戦後，仕事と家庭が分離し高度経済成長を迎えると，夫は外で働き，妻は家で家事と育児を担うという性別役割分業が浸透した。家族の構成人数が減ると，家族の中で体験される人間関係も縮小し，関係の多様性が失われることとなった。子どもは，祖父母や多くのきょうだいといった中ではなく，限られた家族メンバーの中で育つことになり，家族の密室性が高まり，関係が煮詰まったときに緩衝材となる人やケアの担い手が少ないといった関係性の変化につながった。

　2点目は，家族機能の弱体化である。産業化によって家族が直接的に生産活動の機能を果たす役割は弱まり，家族の中で担われる衣食住や娯楽といった機能は，省力化・外注化する傾向にある。また家族が少人数化する中では，これまで家族の中で行われてきた子育てや介護などは家族だけで十分に担いきれなくなった。例えば誰かが病気になるなど問題を抱えたときに，家族の人数が多ければケアの役割を分担できるが，少人数では打撃が大きく，柔軟に対処することが難しい。家族が危機に対処する人的資源は減少する一方で，長寿化に伴う介護など，家族が対処しなければならない危機は長期化する傾向にあり，子育てや介護をめぐる家族機能や危機対処能力はますます弱体化している。現代では，例えば子どもは保育園に通い，高齢者は施設や病院で介護を受けるなど，家族が担ってきた保護機能が社会化していくこととなったが，家族は，生存に不可欠な共同体であるという機能を失った分，心理的なつながりといった情緒的機能が求められるようになったといえる。

　3点目は，地縁や血縁関係の希薄化である。わが国では，地縁と血縁のネッ

トワークが社会の安定に寄与してきたといわれているが，戦後の家制度の廃止や産業化に伴う労働力の移動によって，これらは失われつつある。祖父母や親族とは離れた土地に暮らし，また共働き家庭が増える中では，これまでの専業主婦の参加を前提とした地域共同体のあり方では多くの家族が地域社会活動に十分に関わることが難しく，現代では隣人の顔も十分にわからないなど共同体としての地域コミュニティは希薄化している。地域との相互扶助が欠落していく中，高齢化と未婚化によって単身世帯も増加し，家族のサポートを受けられない人々の存在が浮き彫りになっている。保育園や学校といった場にコミュニティ拠点としての期待が寄せられている。

　最後に，ライフコースの多様化と家族の今後について触れる。現代では就業や結婚など個人の選択が多様になり，家族をめぐっても，男女の夫婦と子どもという家族観は当てはまらなくなった。個人そして家族には，結婚（あるいは法的に婚姻）するか否か，子どもをもつかどうか，どのように子育てをしていくのかといった，価値観を含む様々な選択が迫られる。ライフコースが多様化し家族の形態も変化する中で，社会が多様な家族のあり方を尊重し対応していくことが今後いっそう求められるだろう。

 節　家族のライフサイクル

1——家族のライフサイクル

　個人が発達し変化していくように，家族もまた発達・変化すると考えることができる。家族メンバーの発達・変化に伴って家族の形や機能が変化していくプロセスは，家族の発達段階，家族のライフサイクルといわれている。本節では，平木・中釜（2006）の子どもがいる家族の場合のライフサイクルを参照し，家族の発達プロセスと，各段階で家族が抱える問題について取り上げる。

　家族の発達は，若い成人の二人がそれぞれの家族から独立しカップルの関係性を築いていくところから始まり，家族を形成し，やがて老年期を迎えるという一生になぞらえることができる。家族のライフサイクルは，家族の形成に先立つ時期から始まり，7つの段階，大別して3つの時期に分けられる（表5-1）。

　各段階には，その段階で解決することが望まれる発達課題が設定されている。家族は段階の移行期に，その前の段階から質的に変化することで発達課題を達成することが求められる。これは家族にとって成長や成熟の機会であると同時に，ストレスを抱えるなど危機的な状況をもたらすものでもあり，この時期には家族の中で症状や問題が顕在化することもある。移行期をうまく乗り越えられるとさらなる成長の機会となるが，課題の達成が不十分な場合は次の課題の達成も困難になる可能性があり，家族が変化にどう対応できるかが重要となる。

　それぞれの時期をみていこう。家族の形成期は，家族の基盤を作る重要なステージである。独身の若い成人が，育った家から巣立ち，結婚によって家庭生活を始める時期である。異なる家族文化に育った二人が，それぞれに自己の情緒的・経済的責任を受け入れることで原家族から自立し，カップルとしての新しい関係の基盤や家族のルールを形成することがこの時期の課題となる。

　家族の発展期は，家族が拡大・発展する充実期である。子どもが誕生し，その成長に伴って家族が発展していく。この時期，カップルは家事育児や経済的課題などに取り組むが，子どもを含む家族として，祖父母や周囲との関係の再

表5-1　家族のライフサイクル（子どもがいる家族の場合）（平木・中釜，2006を一部改変）

時期	ステージ	家族システムの発達課題
家族の形成期	1．家からの巣立ち（独身の若い成人期）	原家族からの自己分化
	2．結婚による両家族の結合（新婚期・家族の成立期）	夫婦システムの形成 実家の親とのつきあい 子どもを持つ決心
家族の発展期	3．子どもの出生から末子の小学校入学までの時期	親役割への適応 養育のためのシステムづくり 実家との新しい関係の確立
	4．子どもが小学校に通う時期	親役割の変化への適応 子どもを包んだシステムの再調整 成員の個性化
	5．思春期・青年期の子どもがいる時期	柔軟な家族境界 中年期の課題達成 祖父母世代の世話
家族の収束期	6．子どもの巣立ちとそれに続く時期：家族の回帰期	夫婦システムの再編成 成人した子どもとの関係 祖父母世代の老化・死への対処
	7．老年期の家族の時期：家族の交替期	第2世代に中心的な役割を譲る 老年の知恵と経験を包含

編成が必要となる。幼い子どもを抱えた家族は慌ただしく，カップルには困難
や葛藤がもたらされ，子育てをめぐる問題が頻発する時期であるが，これらの
課題を乗り越えられると，カップルとして，また親としての絆が強まり成長が
もたらされる。さらに子どもが思春期に入っていくと，子どもの自立を見据え，
親子関係をまた質的に変化させていくことが課題となる。

　家族の収束期は，家族が成熟し終わりを迎える時期である。親世代が中年期
を迎え，子どもが自立のために家から巣立っていくと，カップルはまた二人の
関係に戻って終わりを迎えていくが，仕事からの引退や祖父母世代の看取りな
ども重なり，喪失を受け入れ孤独感と向き合っていく時期でもある。

2──家族のライフサイクルの多様化

　家族が困難や問題を抱えたとき，家族のライフサイクルの視点は，家族が置
かれている状況や問題について理解を深める手がかりとなるだろう。一方でこ
のライフサイクルは，結婚しない，子どもがいない，また離婚や再婚を経験し
た家族は十分に含みきれていないことに留意する必要がある。また現代では，
晩・非婚化や少子化によって子育てにかける時間は短くなる一方で，成人した
子どもが家を離れるまでの期間は延びる傾向にある。また長寿化によって，子
育てを終えた後に過ごす時間も長くなった。個人や家族のあり方が多様化する
中では，家族のライフサイクルもまた多様化し複雑化していることをおさえて
おくことが重要となるだろう。

研究課題

1．家族とは何か，自分がイメージする範囲と定義について整理してみよう
2．自分の小さな頃を思い出したり，身の回りの様々な世代の人に昔のことを尋ねたりして，
　過去から現在の家族の形の変化やつながりを考えてみよう
3．保育者として親と関わる際に，家族のライフサイクルという視点から家族を理解できる
　ような具体例を考えてみよう

推薦図書

●『家族の心理─家族への理解を深めるために』　平木典子・中釜洋子　サイエンス社
●『家族心理学─社会変動・発達・ジェンダーの視点』　柏木惠子　東京大学出版会
●『いま家族援助が求められるとき』　中釜洋子　垣内出版

Column 5

様々な家族のかたち：離婚や再婚を経験する家族

　女性が家庭外で就労し経済的に自立する可能性が増大した現代では，家族のあり方に関わる選択肢の1つに離婚がある。わが国では子どものいる家族の離婚が多く，その中には離婚後に親が再婚をすることもある。未婚化・晩婚化によって近年の婚姻件数は減少しているものの，再婚件数は増加の傾向にあり，離婚や再婚という選択は珍しいものではなくなっている。

　子どもがいる親が再婚することでできる家族を，ステップファミリーという。SAJ. 野沢（2018）は，ステップファミリーを「親の再婚あるいは新たなパートナーとの生活を経験した子どものいる家族」と定義しており，例えば未婚のまま子を産み育ててきた母親が新しいパートナーとカップルになるケースや，互いに子どもがいる親同士のカップルといったケースなども含まれる。子どもにとっては，家族の中に実親（もともと同居していた，多くは血縁関係にある親），親のパートナー，場合によってはパートナーの子どもとの複数の関係が形成される。どこまでを家族と捉え，どのような関係を築いていくかなど，親子はそれぞれに葛藤や困難を経験することとなる。例えば家族内での嫉妬や葛藤，しつけをめぐる問題などが起こることが想定され，家族形成の難しさが指摘されている。このようなステップファミリーは，両親と子どもから構成される，いわゆる「ふつう」の家族とは，構造や経験，親の役割も異なるため，その関係性や課題については独自のものとして理解し対応する必要がある。つまり初婚家族とは形が異なるが，その違いを無視せず理解し合いながら家族形成を進めていくことが重要となる。これはステップファミリーに限らず，離婚や死別によるひとり親家庭などにも当てはまるだろう。家族の形が多様化した現代において，初婚の両親が揃った家族を前提とした規範だけでは，このような家族は捉えきれない。それぞれが家族に対するイメージや思い込み，例えばひとり親やステップファミリーの子どもは問題を抱えている，家族は仲良くあるべきだ，といった無意識のうちの視線に向き合うことが必要である。家族それぞれが，血縁や過ごした時間によらず様々につながっていること，それぞれに関係の豊かさや強みがあることを忘れないことが重要であろう。

第6章
子育ての経験と親子・家族の関係

　子どもは人との関係性の中で様々な経験をしながら育っていくが，多くの場合，家族はその出発点となる存在である。年齢や性別，立場や役割も異なる者同士からなる家族の状況や関係は，時間とともに変化していくものであり，そのありようも多様化している。

　私たちの多くは，自分の家族との関わりの中で様々な体験をしながら日々生活しているので，家族は一見とても身近で理解しやすい存在と考えられやすい。しかし，だからこそ家族関係や家族の問題を理解する際，個人の経験や価値観に影響されやすい面もあるということを意識する必要もある。

　本章では，親になることや子育ての経験，親子や夫婦の関係，親同士の相互調整などについて理解を深め，さらに家族関係をとらえる際に役立つ視点を具体的に学んでいく。

1 節　子どもを育てる時期の家族

1──家族のメンバーが増えるということ

　子どもの誕生は，単に家族のメンバーが増えるだけでなく，夫と妻という夫婦役割に加え，親という養育の役割が新たに加わる大きなライフイベントである。家族内の関係という視点から考えると，夫婦という二者関係から全面的にケアが必要な子どもを含めた三者関係への移行，つまり家族内に夫婦関係という横の関係と親子関係という縦の関係が生じることを意味している。

　こうした大きな変化を経験する家族にとって，それに先立つ妊娠期は親になるための準備期間であり，その後の家族関係にも少なからず影響を与える時期といえる。胎動を感じることで子どもの存在を実感しイメージしやすい母親に対して，我が子の成長を身体で感じることのできない父親も，一家を支えていく存在として責任を妊娠期に意識化していくことや（小野寺，2014），父親の両親学級への参加が出産後の子育てにも意味を持ちうること（Fukumaru et.al.,2006）が指摘されており，子どもの養育の準備期間である妊娠期も，家族にとって大切な時期といえる。

2──子どもの養育と親としての成長・変化

　子ども誕生後の子育ての時期は，赤ちゃんのあどけない笑顔に癒されると同時に，多くの親は，自分の時間がない，夜泣きで寝不足などという経験をする。また，時間やお金の使い方も養育優先となり，夫婦間のルールの確立や再調整が求められるなど，大人の生活も大きく変わる。予期せぬことや思うようにいかないことなど肉体的にも精神的にもこれまでとは異なる体験の連続で，子どもはかわいいだけではすまないというのが，子育てを経験した人が感じているところだろう。特に，子育ての責任を担うことが多い母親は，育児不安やストレスを経験することが多く，父親不在や孤独な子育ての問題も指摘されている（柏木，2014）。また，従来，母親に焦点が当てられていた産後うつやマタニティブルーの問題は，父親にも生じることが示されており（Wilson & Durbin, 2010），日本でも，雇用への不安といった経済的要因や，妻の抑うつといった

夫婦間の要因も父親の抑うつに関連するという（安藤ら，2014）。

　一方，親になることで一人の人間として変化・成長すること見出されている。例えば，子どもとかかわることで，社会問題への関心が増すなどの「視野の広がり」や，他人に対して寛大になるなどの「柔軟さ」（柏木・若松，1994），「責任感や冷静さ」（森下，2006）などの人格発達が見られることが指摘されている。また，大野（2018）は，「家族である（being）」，だけでなく，「家族する（doing）」という概念を用いて主に男性に焦点をあてて研究する中で，夫や父として家事や育児などの家庭役割を積極的・主体的に果たすだけでなく，伝統的なジェンダー規範にとらわれない生き方の選択肢も広がっていく可能性を指摘している。

3──子育て期夫婦のコペアレンティング，子育てに対する信念

　子育て期の家族において，家事・育児の分担や日々の生活のための調整は，夫婦双方のありようにもかかわる大事な営みである。ここでは，コペアレンティング（coparentint）という枠組みから，父親母親の子育てを考えてみる。加藤（2016）によれば，コペアレンティングとは，「両親が親としての役割をどのように一緒に行うかということ」であり，さらに広くは，「その子どもの世話と養育に責任を負うべき複数の養育者が共有する行為」を表す概念とされている。夫婦ペアレンティング調整尺度を用いた研究からは，「夫にしてもらっていることで，子どもがとても喜んでいることを夫に伝える」など，父親の子育てを促進するような支持的なコペアレンティングが高いほど，各々のとらえる父親の育児関与や育児共同感，夫婦関係満足は高く，「子どもに対する夫のかかわりで気に入らない行動をほかの人に話す」などの母親から父親への"批判"が高いほど，子育ての協働感や夫婦関係満足が低いことが示されている（加藤ら，2014）。

　さらに，母親が子育て領域の鍵を握り"門番"となるような母親のゲートキーピングが高まると，父親の関与は遠ざけられ，結果として母親に負荷がかかることにもつながりうることが指摘されている（加藤，2016）。また，コペアレンティングとは異なるが，欧米諸国に比して家事育児の分担度合が低く，伝統的な性役割分業観を持つといわれる日本の父親は，「いくら頑張っても子育

ては妻の方が上手である」「どんなにかかわっても子どもは母親に愛着を感じる」という信念を強く持っている傾向が高いことも示されている（福丸，2019）。

２節　家族の関係をとらえる理論や視点

　本節では，支援の際にも重要である家族関係をとらえる理論や視点について考える。

1 ── システムとしての家族

　家族の相互作用を理解する視点に，システムというとらえ方がある。システムという言葉には，あるまとまりをもった集合体，意味のあるまとまり，つまり何らかの関係性が存在し，互いに影響しあうというもの，という意味が含まれている。例えば，テレビのリモコンを押すと冷房は作動しないがテレビのスイッチが入る，といった機械系統も１つのシステムと考えられる。私たちも，食べ物が体に入ると消化器官が働くなど，様々な組織や器官からなる個人のシステムを有している。そうした個人の家族メンバーから構成される家族も，やはり，家族という１つのシステムとしてとらえることができる。

　また，家族の中には，夫婦関係やきょうだい関係という下位システム（サブシステム）も存在する。一方，家族の外にはコミュニティや一族，職場や学校といったより大きな組織，つまり上位システム（スプラシステム）も存在している。家族はこれらにも開かれた存在であり，家族内，家族外の多様なシステムと影響を及ぼしあうため，機械などの閉鎖システムとは異なる開放システムと考えられる。

　このようにシステムは階層をなし，システムの外部とも影響しあう中で，例えばA家という家族もその中の１つの要素と考えれば（図6-1），家庭内の子どもの養育の問題は，単に子ども個人の問題や親子・家族の関係にとどまらず，子どもの属する学校や親の職場の状況，住んでいる地域など様々なシステムとの関係の中でとらえていくことも大切であることがわかるだろう。

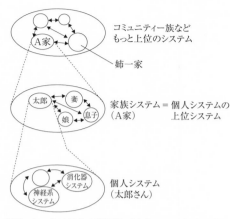

図6-1　システムの階層性（中釜，2001を一部改変）

2──家族関係を円環的に理解する

　閉鎖システムでは原因（リモコンを押す）と結果（TVが映る）が明確で，物事の因果の流れが特定しやすい（直線的因果律）のに対して，家族のような開放システムは，互いにかかわりながら影響を与えあうため，原因と結果は必ずしも明確にできない。例えば，帰りの遅い娘を待つ母親からすると，「年頃の娘の帰宅時間が遅くて心配でイライラする」，すなわち娘が原因でその結果，自分がイライラさせられているとみることもできるが，年頃の娘にしてみると，「母親がイライラして家で待っていると思うと，つい帰りが遅くなる」ということがおきているかもしれない。

　このように家族システムにおいては，原因と結果が直線的ではなく，多方向で相互に関連する円環的な関係（円環的因果律）にあると考えられる（図6-2）。これは2者関係のみならず3人以上の関係においても同様にとらえることができる。こうした見方をすることによって，家族内に起きている悪循環（問題）をとらえなおすことができ，また変化が起こりやすいところから，そのサイクルの変化を促していくことも可能になる。

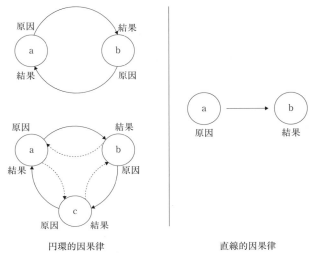

円環的因果律　　　　　　　　　　直線的因果律

図6-2　円環的因果律と直線的因果律（中釜, 2001, p.99）

3 ——IP という視点

　また，こうした円環的因果律の考え方に関連して，家族の相互作用を中心とする家族療法では，症状や問題を呈している人を IP（Identified Patient, もしくは Index Patient）と呼ぶことが多い。これはその個人を患者（Patient）とか，問題のある人として限定するのではなく，家族システムの中で，たまたま問題や症状を呈している「患者とみなされた人」ととらえる視点である。

　家族システムや家族をとりまく生体システムの機能不全が起きると，弱い立場の人にしわ寄せが行きやすいことも少なくない。IP はこうした機能不全を示しており，その影響を最も受けている人ととらえることができる。つまり IP の呈する症状や問題は，IP 自身の SOS であると同時に，システムの機能不全に対する SOS ととらえることもできる。一見，子どもの問題行動としか見えなかった事象に，子どもなりの SOS かもしれないという視点がくわわることで，家族やより大きなシステム（例えば子どもの属する園や学校など）で生じている機能不全や悪循環を理解しやすくなるとともに，どうしたら全体としてより健全な相互作用が生じるか，など，問題解決や回復の道筋も広がるので

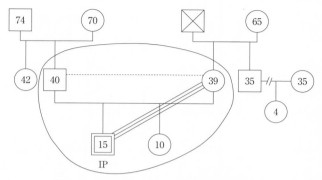

図6-3　ジェノグラムによる多世代の関係図の例

はないだろうか。

4——多世代にわたる関係性

　家族の関係，また家族が抱える問題は，単に現在の家族の相互作用の中だけ
で起きているとはいえない。その家族のこれまで，すなわちライフサイクルの
中で起きてきたことやそこからくる悪循環といった問題もあれば，多世代にわ
たることがらが関係していることもある。多世代の関係を理解するうえで役立
つのが，ジェノグラムである。

　ジェノグラムは，３世代以上の家族メンバーを盛り込んだ家族図で，家族の
構造をわかりやすく視覚化し，また，家族の歴史や世代を超えて繰り返される
関係のパターン，今起きている重要な出来事についての家族の複雑な状況など
を理解する際にも有用である。図6-3は，ある家族のジェノグラムである。
男性は□，女性は○で中の数字は年齢である。二重丸は，先ほど述べたIPの
存在を示す。IPと現在一緒に暮らしている人が円で囲まれることで同居家族
がわかり，さらに図6-4のような関係性を表す記号を加筆することで，家族
関係をある程度，視覚的にとらえることができる。

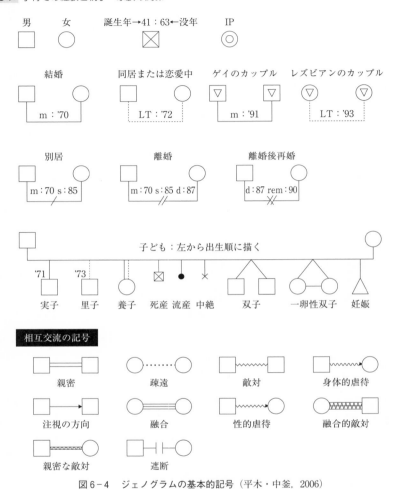

図 6-4　ジェノグラムの基本的記号（平木・中釜，2006）

3 節　親子関係，家族関係を支えること

　家族は夫婦や親子，きょうだい，祖父母などの家族メンバー相互の関係を有するだけでなく，職場や学校，地域社会，さらには，時代といった様々な要因から影響を受けつつ存在している。このことは，子育てを支える営みにおいても，その問題を親や家族のみに帰するのではなく，家族を取り巻く様々な関係

性の中で捉えていくこと，さらに社会全体が子育て中の親やその子どもたちにどのようなまなざしを持ち，関わるかが重要であることを示している。

　また，私たちは多かれ少なかれ，自分自身が家族との関わりの中で様々な思いや経験を有している。親子や家族と関わる際，こうした自身の経験や価値観が知らず知らずのうちに影響することで，結果として目の前の家族の状況に必要以上に反応してしまったり，親を過剰に責める気持ちを抱いたり，母子関係ばかりに注目して，父親の存在を意識しなかったり，などといったことも起こりうる。援助職に携わる者は，自身の経験や，ものの見方や考え方の傾向，価値観などを改めて振り返って意識化することも大切である。このことは，関わる親子，家族にとっても意味があると同時に，支援者自身の専門性やメンタルヘルスにも大いに関わりがあるといえるだろう。

 研究課題

1．2節を参考に，家族の中で起きてしまいがちな円環的因果律の例にはどのようなものがあるか，例をあげて考えてみよう。また，それに対してどのような働きかけができそうか，変化という視点から考えてみよう。
2．自分の，もしくは小説や映画で描かれる家族について，ジェノグラムを実際に書いてみよう。どのようなことがわかるだろうか。ジェノグラムから見えてくる，その家族の肯定的な側面についても考えてみよう。

推薦図書

●『日本の親子』　平木典子・柏木恵子（編著）　不安・怒りからあらたなかんけいの創造へ
●『ジェノグラム　家族のアセスメントと介入』　モニカ・マクゴールドリックほか／渋沢田鶴子（監訳）　金剛出版
●『夫と妻の生涯発達心理学―関係性の危機と成熟』　宇都宮博・神谷哲司（編著）　福村出版

Column 6

体罰によらない子育てのめざすもの

　子どもの権利擁護，児童虐待への対策強化という観点から，体罰禁止を定めた児童福祉法の一部改正法が令和元年に成立し翌年4月から施行された。これにより日本は世界で59か国目の体罰全面禁止国となった。それに先立ち作成されたガイドライン「体罰によらない子育てのために―みんなで育児を支える社会に―」（厚生労働省，2020）には，しつけのためと親が思っても，身体に何らかの苦痛を引き起こし，または不快感を意図的にもたらす行為（罰）は，どんなに軽いものでも体罰に該当すること，子どもの心を傷つける暴言等も子どもの健やかな成長発達に悪影響を与える可能性があること，が明記された。これは，子どもの心や身体の健全な成長・発達を阻む不適切な養育，すなわちマルトリートメントに関する脳機能研究や（例えば，友田，2012など），逆境的小児期体験（ACE s）に関する疫学的研究の知見（第11章参照）なども踏まえている。

　また，たとえ体罰による大人への恐怖心から，子どもが一時的にいうことを聞いたとしても，根本的な解決にはならず，むしろ暴力的な言動のモデルを示すことにもなる。つまり，思い通りにならないときは暴力を行使していい，立場の弱い人を大切にしなくていい，と大人が子どもに示すことになりかねない。

　一方，この法律に罰則がないことからわかるように，体罰の禁止が子育て中の親を追い詰めることになっては本末転倒である。検討委員会でもこの点に留意しながら慎重に議論が重ねられた。つまり，子育てには不安や悩みがつきものであり，いうことをきかない時など，子どもに思い余ってつい手をあげてしまうことや酷い言葉を口にしてしまうことは，誰にでも起こりうることであり，また，それによって自分を責めたり傷ついたりすることは決して特別な親に限られるわけではない。こうした親の悩みや負担感を軽減し，よりよい関係を支えるというケアの視点と，体罰を正当化することなく子どもの人権も尊重する視点，この両輪があってはじめて体罰をなくす道筋ができていくのである。

　1979年に世界で最初に子どもの体罰禁止をうたったスウェーデンでも，40年近い歳月をかけて，様々な取り組みを展開して子どもへの体罰がほとんどない今日に至っているという（大日向，2020）。パブリックコメントから選ばれた「みんなで育児を支える社会に」というサブタイトルは，私たち一人ひとりが，子どもの育ちや子育てを支えていく主役として体罰のない子育てに向けたスタートラインに立った，ということを示している。

第**7**章
子育てを取り巻く社会的状況

　私たちが考える当たり前は，時代とともに変化する。子育てについての当たり前も，子育てを取り巻く環境とともにこの数十年で大きく変化してきた。昨今の新型コロナウイルス感染症の流行も，世界中の子どもたちの生まれ育つ環境，親の働き方，そして，家族や教育のあり方に大きな変化を与える可能性が高い。心理学や保育に携わる専門家は，目の前の子どもや家族に対峙する際に，このような社会・歴史的な観点を常に持つ必要がある。本章では，現代の子育てに影響を与えている人口学的な変化を捉えた上で，それらの変化がもたらした現在の子育ての特徴について考える。加えて，「いかにして社会で子育てを支えるか」ついても考える。子育てを取り巻く状況の過去から現在への変化を理解した上で，これからの社会における子育てのあり方について主体的に考えてもらいたい。

1 節 人口動態と家族の変化

　子どもの育ちとそれを支える子育ては，家族というシステムとそれと相互作用する学校や地域，さらにそれらを取り囲む社会経済的システムというように大きなシステムの中に埋め込まれている（Bronfenbrenner, 2005）。本節では，子育てを取り巻くより大きなシステム，すなわち，子どもを取り囲む社会的状況としての日本の人口動態や家族形態の変化，そして，子どもの貧困問題について概観する。

1 ── 超少子高齢化社会

　戦後の出生数は，第 1 次ベビーブームとよばれる団塊世代が生まれた1949年の269万6638人をピークとして，この団塊世代の子どもである団塊ジュニア世代が産まれた1970年代前半の第 2 次ベビーブームを経た後，1970〜80年代に大きく減少した。その後も減少傾向が続き，2015年には 5 年ぶりに増加したものの翌年からは再び減少し，最新の2019年の出生数は86万5234人と過去最少を記録した（厚生労働省，2020a）。この値は，1949年の出生数の32.1%にすぎない。合計特殊出生率（女性が一生の間に生むと仮定したときの子どもの数）では，1947年には4.54人だったが，1975年に1.91，2005年には1.26人と過去最低水準であった。その後，若干の上昇傾向が続いたが，2016年からは再び低下し，2019年には1.36人となった。団塊ジュニア世代は2020年に40代後半に入り，第 3 次ベビーブームの到来はなかったといえる。

　一方，日本人の平均寿命は戦後直後から延び始め，2019年の日本人の平均寿命は女性87.45歳，男性81.41歳と，ともに過去最高を更新した（厚生労働省，2020b）。同年の死亡数は138万1093人と戦後最多を記録し，出生数と死亡数の差である自然増減数はマイナス51万5854人と過去13年連続の減少であった（厚生労働省，2020a）。この自然増減数は2007年以降に 0 を下回り，総人口は減少を続けている。総人口に占める高齢者（65歳以上）の割合は28.4%と 4 人に 1 人を超えている（総務省統計局，2020）。

　このような少子高齢化や人口の減少は，人々のライフコースや生き方に大きな変化をもたらしてきた。例えば，子どもを持つことの選択，子育ての重圧，

生涯にわたる親子関係，命の終わり方など，人の心や生活の様々な側面に影響を与えていると考えられる（柏木・高橋，2016）。少ない数の子どもをどのように育てるかは，これからの日本社会にとって極めて重要な課題である。

2──家族の変化

　戦後から現在にかけて，家族の形態や構造も大きく変化してきた（第5章1節参照）。2019年の国民生活基礎調査によると，世帯構造では「単独世帯」が全世帯の28.8％と過去最高を記録し，次いで「夫婦と未婚の子のみ世帯」が28.4％，「夫婦のみ世帯」が24.4％と続く（厚生労働省，2020c）。なお，1986年におけるこの3つの世帯構造の割合はそれぞれ順に18.2％，41.4％，14.4％で，いわゆる「標準家族」ともよばれ，多くの制度設計の前提とされている夫婦と未婚の子からなる家族は3割に満たなくなるまでに減少し，世帯数は増加，世帯人員は減少している。結婚しない，子どもも持たない人が増えている。なお，日本と欧州の成人男女を対象とした国際比較調査によれば，日本の若者は「できれば結婚したい」「子どもを持ちたい」と考えている人が多いものの，特に年収の低い男性で結婚に対する経済的な不安が高いこと，また，子どもを希望するだけ持てない理由として教育費の高さや仕事と子育ての両立困難が多くあがった（内閣府，2016）。

　次に，児童（18歳未満の未婚者）のいる世帯の状況をみると，児童のいる世帯は全体の21.7％であり，そのうち「1人」いる世帯が46.8％，「2人」いる世帯が40.3％と合わせて80％以上を占める（厚生労働省，2020c）。また，世帯構造では，「夫婦と未婚の子のみの世帯」が76.0％と最も多く，次いで「三世代世帯」が13.3％，「ひとり親世帯」が6.5％となっている。さらに，児童のいる世帯における母の仕事をみると，「仕事あり」の割合は72.4％である。夫婦共働きの家庭は1980年以降に年々増加し，1997年以降は共働き世帯数が男性雇用者と無業の妻からなる世帯数を上回っている。よって，現代の日本では昔に比べて子どもがいる家族は少数派であり，子どもがいる場合でも子どもの数は1〜2人がほとんどを占め，さらに，子育て世帯の7割以上が夫婦共働きであるといえる。現代では「サザエさん」や「ドラえもん」，「ちびまる子ちゃん」に登場するような専業主婦の母親がいる家庭は少数派なのである。

3 ── 「子どもの貧困」問題

　2008年頃から取り沙汰されるようになり，近年の新型コロナウイルスの流行による影響でさらに懸念される問題の1つに，「子どもの貧困」問題がある。2018年の子ども（17歳以下）の相対的貧困率（コラム参照）は13.5％であり，7人に1人が貧困状態であることを示している。子どもがいる現役世帯のうち，「大人が一人」の世帯員の相対的貧困率は48.1％（「大人が二人以上」の世帯では10.7％）で，この数年間に若干の改善を示してはいるものの依然としてひとり親家庭の約半数が経済的に厳しい状況にある（厚生労働省，2020d）。

　貧困は子どもの将来に深刻な影響を与える。例えば，2016年の高校卒業後の4年制大学への進学率は，全世帯で52.1％であるのに対し，生活保護世帯では19.0％，児童養護施設では12.4％であった（内閣府，2017）。また，年収400万円以下の家庭と1000万円を超える家庭の4年制大学への進学率はそれぞれ31.4％と62.4％と約2倍の差がある（東京大学大学院教育学研究科・大学経営・政策研究センター，2009）。低所得や生活が困窮している家庭の子どもはそうでない家庭の子どもに比べ，勉強への動機づけや自己肯定感が低いことを示すデータもある（e.g., 阿部ら，2014；大田区，2018）。子どもたちは未就学児の時点から親の学歴によって異なる時間を過ごしており，小中高の各教育段階においても親の学歴や地域によって格差が生じていることも明らかにされている（松岡，2019）。すなわち，子どもが自ら選んで生まれたのではない親や家庭の環境によって，発達の初期から不公平が生じているといえる。

　例えば，親が生きていくために長時間働かなければならずに，親が子どもと十分に関わる時間が確保できない。十分な環境やケアを与えられなかった子どもが「どうせ自分なんて」と勉強が嫌いになり，進学を断念する。そして，低賃金で不安定な仕事に就き，やがて予期せぬ妊娠により若い親となり……というような貧困の連鎖も生じやすくなる。子どもの養育を家庭のみに任せていては，社会の分断がますます広がっていく。この悪循環をいかにして食い止めるかを，社会の一員である一人ひとりが真剣に考える必要がある。

1節で述べたように，子どもを持たない人が増え，また少ない数の子どもを育てるようになった現在では，子育てのあり方にも様々な変化が生じている。以下では，その特徴を3点に整理する。

1——孤独な育児

ヒトは本来，集団で共同して子育てをする動物である。しかし，核家族化が進み，上述のように「稼ぎ手としての夫」と「専業主婦の妻」いう性別役割分業が成り立っていく過程で，乳幼児の子育ては母親に任せられるようになった。女性の社会進出や経済状況の変化により共働きが増えている一方で，家事育児に関わる性別役割観は依然として強く残っている。このような中，政府の働き方改革等の施策によって父親の育休取得率の向上等が目指されているものの，取得率はいまだに極めて低い（2018年では，民間企業6.16％，国家公務員12.4％，地方公務員5.6％）。また，夫婦における育児の分担は妻が7割で夫が3割と夫の関わりの方が圧倒的に少なく，夫は限定的な場面でのみ関わる傾向がある（内閣府，2020）。つまり，夫婦がともに働きながら共同でするはずの子育てにおいて，子育ての負担は依然として女性に重くのしかかっているといえる。

育児とは親の性別等に関わらず大変な重労働である。2017年の流行語として，1人で子育てしなければならない状況を指した「ワンオペ育児」という言葉が注目されたように，話の通じない，大人の思い通りにはならない乳児と1日中家の中にいるという状況は，誰にとっても孤独でストレスフルな状況となりえる。夫婦いずれの実家も遠方にあり親に頼ることができない，保育園等も利用していない，さらに，親自身がもともと人と関わることが苦手であるといったサポートが少ない状況において乳幼児を育てることは，ストレスを高め，結果として子どもとの適切な関わりを困難にする。逆に，短時間でも安心して子どもの面倒みてもらえる実家や託児所等がある場合，また，親仲間や近所の人，保健師など親身になって話を聞いてくれたり共感してくれる人がいる場合には，リフレッシュしたり，「私は1人ではない」「私だけではない」と思えるかもし

れない。一見些細なことにみえることが，大きな助けとなることもあるだろう。

2──親としての責任の重さと母親の育児不安

　本来は複数の人で担うべき育児が親に重くのしかかることにより，親の育児不安が高まっていると考えられる。多くの人々が，経済的なことも含めて，子育てにおける親の責任について重く受け止めていると考えられる。実際に日本における幼児教育および高等教育機関に対する支出は50％以上が家計から捻出され，特に高等教育では世界で教育費が最も高い国の1つである（OECD, 2017）。

　また，少子高齢化や高学歴化がもたらした人々のライフコースの変化の変化が，多様な生き方の選択を可能にしたがゆえに，特に女性において子育て中のアイデンティティの問題を複雑化した。同世代の仲間が社会で華々しく活躍する様子をSNS等で横目で見ながら，子どもの世話に明け暮れる毎日は，「自分はこれからどうなるのだろうか」という不安や不満，焦燥感をもたらすかもしれない。母親の育児不安を強める要因として，職業の有無（専業主婦であること），父親の育児不在，根強い性別役割分業の意識などが明らかにされている（柏木・加藤，2016）。共働きが増えたとはいえ，女性の半数は非正規雇用である。また，管理職や政治家に占める女性の比率が低いために，日本のジェンダーギャップランキングにおける順位は極めて低く，2020年には153か国中121位であった（World Economic Forum, 2020）。つまり，日本は女性が活躍しやすい社会であるとは決していえないのが現状である。この背景には，子育ての責任が依然として母親に重くのしかかっていることも無関連ではないだろう。

3──わが子への過度な期待

　子どもの数が少なくなり，子どもを持たないという選択をする人が増える中で，意図せず妊娠する場合もある一方で，人々が人生の選択として計画的に子どもを持つことも多くなった。不妊治療を受ける人も増え，生殖医療技術は飛躍的な進歩を遂げている。子どもは「授かる」ものから「つくる」ものとなったともいわれる（柏木，2016）。

　少数の子どもを，お金と時間と労力とをかけて大切に育てるという戦略を採

るようになった現代の子育ては，一人ひとりの子どもが育つ環境を豊かにし，子どもの可能性をより拡げたかもしれない。一方で，例えばお稽古やお受験など，「あなたのためだから」「よかれと思って」という名目のもと，子ども本人の意思や願望とは無関係な親の期待の押しつけともとれる状況も生じている。こうした子どもの自己を軽視した，「やさしい」また「密かな」虐待（平木，2016）は，親自身が意識せずに，周囲に気づかれないままに生じている可能性がある。

　ニュースで取り上げられる凄惨な児童虐待の事件において「なぜそのようなことをしたのか」と問われた親は一様に「子どもが言うことを聞かなかったから」「しつけのつもりだった」と答える。裏を返せば，子どもは大人の思い通りになるべきで，しつけられなければならないということになる。本来，しつけとは，「社会の新しいメンバーである子どもが将来社会の担い手になるように，社会のルール，習慣，文化を伝えること」（高橋，2019）であり，親の思い通りにさせることではないはずである。当然のことながら虐待という行為自体は決して許されるものではないが，養育の責任が親ばかりに重くの押しつけている社会の側にも責任がないとはいえないのではないだろうか。

3 節　これからの子育て支援

　これまでに述べてきたように，現在の日本は残念ながら決して子育てがしやすい社会とはいえないようである。子どもが健康にすくすくと育つためには，多くの人の手が必要である。また，働きながら子どもを育てやすい環境を整えるためには，子どもの育ちや子育てを担う養育者たちを支える，社会の仕組みが必要である。

1——行政による子育て支援政策

　行政の取り組みをみてみよう。内閣府には，「子ども・子育て本部」が設置されている。厚生労働省や文部科学省などの他機関とも連携を図りつつ，「子ども・子育て支援新制度」と「少子化対策」とを担当する組織を軸に，子ども・子育て支援に関する総合的な施策を推進している。2015年にスタートした

「子ども・子育て支援新制度」は，子育て支援の量の拡充や質の向上により，必要とするすべての家庭が利用できる支援を目指すための制度である。具体的には，従来の幼稚園と保育所に加え，地域の実情に応じて両者の機能や特徴を合わせ持ち，地域の子育て支援も担う「認定こども園」の普及を図る。また，児童手当や幼児教育・保育の無償化も，この本部の取り組みの中に位置づけられる。このほか，「地域型保育」とよばれる小規模保育，必要な支援の情報提供や紹介などを行う利用者支援，一時預かりや病児保育，小学生の子どもを対象とした放課後児童クラブなど，様々な地域における子育て支援の充実を図っている。さらに，新たに加えられた「仕事子育て両立支援事業」では，企業による子育て支援（企業主導の保育施設やベビーシッターの利用）を助成する。これらの取り組みによってより健やかな発達が支えられていく子どもや，サポートを得られることで育児の負担が軽減される親や家族が増えていくことが期待される。

　しかし，少子化対策と子育て支援がセットになっているこれらの施策からは，この国の将来を担う働き手がこれ以上減っては困るという意図を見てとることができる。日本の社会保障政策では高齢化が先に問題となり，子育て支援が後手になったともいわれる。OECD のデータをもとに子育て支援政策（保育サービス，産休育休，児童手当）の影響を分析した柴田（2016）によれば，保育サービスを中心とした子育て支援の拡充が，短期的にも長期的にも様々な社会問題から日本を救うことができるという。子育てをもっと社会が支え，担っていくことが重要であると考えられる。

2──家族依存の子育てからの脱却

　子育て支援において，行政の取り組みが重要であることはいうまでもない。しかし，残念ながら施策がいまだ十分ではないために，親の子育ての責任が重くなり，子育てがしにくい社会になっているのが現状であるといえる。

　日本の社会福祉制度は過度に家族に依存してきた（e.g, Esping-Andersen, 1999；田中，2017）。加えて，子どもの教育についての親の責任をさらに強調しようという動きさえもある（e.g., 木村，2017）。このような息の詰まる社会で，子どもを持たないという選択をする若い人が増えるのは当然であり，また，

子どもを持った女性が出世を諦めて，マミートラックに乗るのは致し方ないと
もいえる。しかも，親の自己責任を追及する世間の風潮は，親の育児不安やス
トレスを高め，助けを必要とする子どもを家庭というプライベート空間に閉じ
込める危険性すらも孕んでいる。

　人には誰にでも長所と短所があり，それぞれの人の得意と不得意がある。例
えば，仮に親として完璧な一人の母親がいたとして，たった一人の完璧な親だ
けがいる場合と，親として少々足りないところがあったとしても，それを補っ
てくれる，それぞれ場面で子どもが頼りにできる複数の大人がいる場合とでは，
どちらの方が子どもは安心で幸せに暮らせるだろうか。もしも国や社会が子育
てをもっと支えてくれたら，親も必要以上にストレスや不安を感じることも少
なくなるのではないだろうか。これからの社会を，人々が生き生きと，楽しく
働きながら子どもを育てることができる，子どもや子育てに優しい社会にする
ためには何が必要であろうか。そのためには，市民一人ひとりが「社会で子ど
もを育てる」という意識を持つこと，そして，それを育む教育とはいかなるも
のかを考え続けることが，これからの社会を考える鍵となるのではないかと考
えられる。

 研究課題

1．新型コロナウイルスによる緊急事態宣言時に「ステイホーム」が求められたことによっ
　て生じた家族内の問題についてのニュース記事を集めてみよう。
2．世界経済フォーラムのジェンダーギャップ指数ランキングの最新の報告書から，順位の
　高い国と日本との違いを調べ，整理してみよう。
3．どのようにしたら父親の育休取得率をあげることができるか，会社の経営者になったつ
　もりで考えてみよう。

推薦図書

●『日本の親子—不安・怒りからあらたな関係の創造へ』　柏木惠子・平木典子 編　金子書
　房
●『人口の心理学へ—少子高齢社会の命と心』　柏木惠子・高橋惠子（編）　ちとせプレス
●『教育格差—階層・地域・学歴』　松岡亮二　ちくま新書

Column 7

「相対的貧困率」と「相対的剥奪」

　明日食べるものがないといった生きるための最低限の条件を欠く状態を「絶対的貧困」とよぶ。これに対し，現代の貧困は「相対的貧困」として捉える必要がある。相対的貧困とは，その人が暮らす社会の中で当たり前とされる生活ができない状態にあることを意味している。この代表的な指標が「相対的貧困率」である。これは，等価可処分所得（収入から税金や社会保険料などを除いた手取りの収入）を世帯人数の平方根で割って調整した中央値の半分の額を貧困線とし，この貧困線よりも低い所得で生活している人の割合を示す。2019年の日本の貧困線に相当する年収は122万円であり，所得がこれに満たない17歳以下の子どもの割合は13.5％であった（厚生労働省，2020）。

　所得から計算される相対的貧困率とは別に，イギリスで考案された方法に「相対的剥奪」がある。その社会で人々が持っていて当たり前の生活必需品や社会・経済的機会，すなわち，みんなが持っているものを持てない，みんながしていることができない状態を，相対的に剥奪され，社会的に排除されている状態であるとみなす（ただし，個人の好みで持たない場合は除く）。例えば，みんなが持っているゲーム機を持っていない，クラスのみんなが行く修学旅行に行けないといった状態がこれにあたる。なお，相対的剥奪を把握するためには，「すべての人が持っていて当たり前である」という市民の合意が必要であるが，日本ではこの合意の割合が低いことが問題視されている（阿部，2008；平井ら，2015）。

　2015年に成立した「子どもの貧困対策の推進に関する法律」（2019年一部改訂）では，「子どもの現在及び将来がその生まれ育った環境によって左右されることのないよう，すべての子どもが心身ともに健やかに育成され，及びその教育の機会均等が保障され，子ども一人ひとりが夢や希望を持つことができるようにする」ことが目指されている。この目的の実現のためには，子どもの養育やその環境の整備を，「他の家の子だから仕方がない」「よそ様の家のことに口は出せない」といって家族の責任に帰するのではなく，社会の責任として，市民一人ひとりが主体的に考えることが重要であろう。

第**8**章
ライフコースと仕事・子育て

人は一生を通じて様々な役割を負いながら生きていく。なかでも成人期の生活の多くを占めるのが「仕事」と「家庭」に関わる役割である。

個人のライフコースの中で「親になること」は，発達的にも社会的にも大きな意味を持つライフイベントである。丸抱えで世話をしなければ生き延びられない子どもという存在を迎えることで，親の生活は一変する。親役割を果たすことで得られる喜びや楽しみはたくさんあるが，生活の変化によるストレスも決して小さくはない。

この章では，子育て期の親にとっての仕事と家庭生活のバランスについて考えていく。社会的には親は子どもの保護者として，子どもを養育し，教育する責任主体とみなされる。一方で乳幼児を育てる年代は，職業面においても中核的に活躍することが期待される時期である。そのため，子育て期は親にとって，仕事と家庭のバランスをとることが最も難しいライフステージなのである。

1 節 親のライフコースと子育て

1 ── 現代人のライフコース

　人の一生（ライフコース）は，時代や社会の変化とともに変化する。1950年には60歳ほどだった日本人の平均寿命は，医療技術の進歩によって今や80年を超える長さとなった。寿命の伸びとは単に老後の期間が追加されることではなく，人生の各時期が全体的に長くなる変化である。青年期が遷延化して親からの自立が遅くなったこと，中年期から老年期への移行が遅くなったことなどは，長寿命化に伴って生じた現象である。

　子育てに関連した変化として少子化の進展があげられる。女性が生涯に産む子ども数を表す合計特殊出生率は1950年には3.65だったが，2019年は1.36（概数）まで低下した。寿命の伸びと少子化があいまって，親のライフコースにおいて子育て期が占める相対的な長さは時代とともに縮小した。「子育て終了後」の生き方という新たな発達課題が顕在化したのは1980年代のことである。さらに近年は，晩婚化とともに出産時期が後ろ倒しになったことにより，育児と介護が同時期に重なる「ダブルケア」となる人が増えている。

　ライフコースの変化はまた，人生の選択肢の多様化ももたらした。生涯未婚率の上昇は目覚ましく，2015年には男性の4人に1人，女性の7人に1人が一生結婚しない人生を送るようになっている。一方，結婚する人生を選択した場合は，夫婦はほぼ2人の子どもを持っている。

　つまり現代人のライフコースは，「結婚して2人程度の子どもを持つか，結婚せず子どもも持たないか」に二極分化する傾向にある。昨今，子どもやベビーカーが公共の場で迷惑がられたり，子どもの遊ぶ声が騒音扱いされたりするのは，そのためと考えられる。子どもを持たない人生，身近に子どものいない生活を送る人にとって，子育ては「自分とは関係のないもの」であり，子育て中の親に対して「お互い様」という理解や共感が寄せられにくくなっているのではないだろうか。

2 ── 「親になる」という経験の意味

(1) 生物学的な意味

　人間の子どもは，生理的早産という進化上の宿命から未熟な状態で生まれてくる。そのために親は，愛情だけでなく，自分の持つ時間，栄養，経済，体力などを使って子どもを育てる。これらの資源は有限であり，かつ親自身の生存・成長のためにも必要なものである。生物学的にみると，親になるという経験は，それまで自分のために使っていた自己資源を子どもと分け合うようになる変化といえる（柏木，2011）。資源を与えなければ子どもは育たないが，子どもに与えすぎれば自分自身の生存や成長のための資源が不足して，親が疲弊する。

　人間の子どもが親の資源に頼らずに生きられる「一人前」になるまでには長い年月がかかる。長期にわたって多大な資源を要する人間の育児では，子どもと親自身の間で限られた資源を配分するバランスが難しい課題となる。

(2) 心理学的な意味

　結婚して子どもを持つことを選んだ人にとって，「親になる」ことはどのように感じられる経験なのだろうか。第1子妊娠中と生後2年目，3年目で縦断的に自己概念の変化を調べた研究がある（小野寺，2003）。女性では，親になると「妻としての自分」「社会に関わる自分」の割合が縮小し，「母親としての自分」の割合が大きくなっていた。対照的に男性では，親になる前後で「父親としての自分」の割合に変化はみられず，「社会に関わる自分」が増大していた。男性にとって「親になる」というライフイベントは「これまで以上に仕事をがんばろう」と意味づけられる経験であることがうかがえる。

　母親の場合は，胎動を感じることを通して出産前から“親役割”への移行が始まる（岡本ら，2003）。外から見てわかるくらいにお腹が大きくなれば，社会的に「お母さん」として扱われることが増えてくる。それに対して父親は，子どもとの相互作用が始まるのは子どもの誕生後であるため，母親に比べて親役割への移行・受容が遅れるともいわれる。しかし近年，自分は妊娠・出産を経験しない父親でも，出産前から生理的な変化が生じていることが明らかにされている。妊娠中から産後にかけて，妊産婦の夫の血中ホルモンは，妊婦本人と同じように子育てに向くようなバランスへと変化する。ホルモンバランスの変化

は子どもの誕生後の養育行動と関連することも報告されている（Storey et al., 2000）。妻とのコミュニケーションを通して生まれてくるわが子や子育てに思いをはせることで，男性も「養育する親」としての準備が整っていくのである。

2節 子育てと仕事のバランス

1——子どもを持つと働き方はどう変わるか

　国立社会保障・人口問題研究所（2017）の分析では，2010〜2014年の5年間に第1子を出産したコホート（集団）では，出産後も就業を継続した人の割合が5割を超え，出産退職した人の割合を上回った。図8-1からわかるとおり，これは1985年以降で初めてのことである。特に，育児休業を利用した就業継続が伸びており，育休制度の拡充が子どもを持った女性の就業を支える効果を持つと考えられる。しかし雇用形態別に集計すると，出産後も就業継続した人の割合や育児休業を取得した人の割合は，正規雇用と非正規雇用では大きなひらきがある。育児・介護休業法の規定では，非正規雇用であっても一定の条件を満たせば育児休業は取得できることになっているものの，非正規の雇用条件は同法の規定を満たすほどには整っていないのが現状である。

　また「妊娠前から無職」という女性も少なくないことを考えると，「女性が仕事と育児を両立しやすい社会になった」というのは尚早であろう。

　第1子を出産しても働き続けた女性も，その後子どもの人数が増えて育児に手がかかるようになると仕事を辞めると想像するかもしれない。だが，実際には第1子出産後も働き続けた女性は，第2子，第3子を出産した後も約8割が就業を継続している（国立社会保障・人口問題研究所，2017）。このことから，既婚女性にとって第1子出産はその後のライフコースを左右する最大の分岐点といえるだろう。女性が仕事を辞めれば，その夫は稼ぎ手役割を一手に引き受けることになるし，親が共働きかどうかによって子どもが受ける家庭外保育も違ってくる。女性が第1子出産で仕事を続けるか辞めるかは，女性だけでなく男性や子どものライフコースをも左右するといえる。

　とはいえ，子どもを持つ女性の就業率は上昇傾向にあり，2019年には児童の

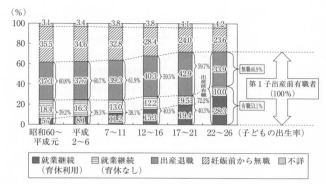

図8-1　第1子出産前後の妻の働き方の変化（内閣府男女共同参画局，2020）
注：データの出典は国立社会保障・人口問題研究所，2017より

いる世帯で母親が就業している割合は7割を超えている（厚生労働省，2020）。
対照的に，児童のいる世帯のうち，母親が就業して父親が非就業の"専業主
夫"という組み合わせの世帯は1％程度と，夫婦の役割が一般と逆転している
ケースは少ない（総務省統計局，2017a）。子どもを持つという経験は男性の働
き方を左右することはあまりないのである。

2——子育て期夫婦の役割分担

　1日の時間の使い方を調べた「社会生活基本調査」（総務省統計局，2017b）
によると，末子就学前というライフステージは，男女とも3次活動（自由に使
える時間における活動：趣味，自己啓発，ボランティアなど）に割く時間が最
も少ない時期である。1日のうち一番長い時間を費やしているのは2次活動
（社会生活を送る上での義務的な活動：仕事，育児，家事など）で，子育て期
の親の生活は仕事と家事・育児が多くを占めている。

　図8-2は，時間という観点から子育て期の男女の「仕事」「家事」「育児」
のバランスを記述したものである。末子就学前の夫婦が，1日のうち「仕事」
「家事」「育児」に費やした時間を，働き方の組み合わせ別に示してある。

　3群の間の大きな違いは妻の働き方であり，妻の「仕事」時間は働き方と対
応している。「仕事」の時間が長いほど妻が「家事」と「育児」にかける時間
は短くなっているが，働く妻たちが短縮した分の「家事」「育児」時間を夫が

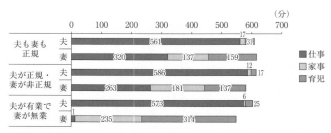

図8-2　末子未就学の夫婦が平日，仕事・家事・育児にかける時間（総務省統計局，2017b より作図）
注：平成28年社会生活基本調査＞「統計表一覧」＞「調査票Aに基づく調査」＞「全国」＞表19-1の「平日」かつ「末子就学
　　前」から抜粋

分担しているわけではない。夫の生活時間には妻の働き方による違いはほとんどみられず，「家事」「育児」にかける時間はごくわずかである。これは，妻が就業しても夫の生活は仕事中心で，妻だけが仕事と家庭役割の二重負担となることを示している。このような分担様式は「新・性別役割分業」とよばれる。働く女性が増えた現代でも，「夫は仕事，家のことは妻」と性別によって役割分業が行われる実態は変わっていないのである。

3──母親にとっての仕事と子育て

（1）育児ストレス

　新・性別役割分業という分業様態のもとでは，仕事の有無にかかわらず，育児の負担は母親に多くかかってくる。夫の育児サポートが少ない，いわゆる「ワンオペ育児」の場合に母親の育児ストレスが高くなることが知られている（例えば荒牧・無藤，2008）。

　仕事を持つ母親は多重役割の負担が大きい分，専業主婦の母親より育児ストレスが高いと思われがちだが，むしろ有職の母親の方が育児のストレスや負担感は低いことが多くの調査で明らかにされている（例えば，野澤ら，2013）。働く母親の方が保育所などの子育て支援の資源とつながりがあるため，育児をひとりで抱え込まずにすむことがプラスにはたらくと考えられる。

（2）親の生き方と子育てのバランス

　母親が仕事を持つことのもう1つの利点は，勤務時間中は子どもと離れて「大人としての世界」を持てるということである。子育てに自分の資源のすべ

てを投入してしまうのでなく，自分のために資源を使っていることは，常勤・パート・無職いずれの群でも母親の心理的な適応を高める（永久，2010）。

　ちなみに育児休業を取得した父親も，育児に明け暮れる毎日に「自分の生き方に対する焦り」「社会から隔絶された孤立感」など母親と同じような育児ストレスを感じるという（菊地・柏木，2007）。親は子どもの保護者として子育ての責任を第一義的に担う立場であるが，子育て以外にも様々な役割を負いながら自身のライフコースを生きている。子育て中でも，親がひとりの大人として自分の成長・充実を感じられるような生き方を保障されることが親自身のwell-being を高め，それが子どもへの関わりの質に影響していく。穴井ら（2006）は，育児期が自分の生き方の一貫性を停滞させる人生経験とならないよう，自律的，主体的に生き方を選択することをサポートする心理的支援プログラムを考案し，母親の育児不安を低下させる効果がみられたことを報告している。

4──父親にとっての仕事と子育て

　図8-2でみたとおり，子育て期の男性の生活は仕事中心にかたよりやすい。30～40代の男性は週60時間を超える長時間労働に従事する者の割合が最も高い（総務省統計局，2020）。過重労働によるうつや脳・心臓の疾患，過労死などは男性に多くみられ，働きすぎが心身の健康を損なうことが問題となっている。

　子どものいる男性が希望する生活は「仕事と家庭をともに優先」が最多だが，現実は「仕事優先」になっている者が多い（内閣府男女共同参画局，2019）。子育て期はちょうど職場の中核的な働き手となる年代と重なり，「父親が家事や育児に関われないのは仕事が忙しいからだ」といわれる。だが父親の育児への関わりが少ないことは，仕事の忙しさだけでは説明のつかない面もある。

　図8-3は，父親が各種の活動を子どもと「よくする」と答えた割合を，日頃の帰宅時間別に示したものである。食事や入浴のように，帰宅時間が早い人はよくするが，遅いとあまりしない活動もある一方で，帰宅時間にかかわらず父親が「よくすること」と「あまりしないこと」があることがわかる。父親が子どもとよくしているのは，話しかける，スキンシップを図るなど，あまり時間のかからないスポット的な関わりである。絵本の読み聞かせ，トランプやお

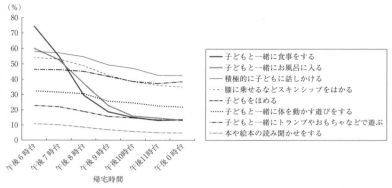

図 8-3　父親が子どもと「よくする」こと（厚生労働省，2006より作図）

もちゃで遊ぶような活動は帰宅の早い父親でも多くはない。

　父親が子どものペースに合わせてじっくり時間をかける関わりをあまりしない背景には，母性神話があると推察される。「産む性である女性は生物学的に子どもの養育に向いており，男親である自分はどんなにがんばっても母親にはかなわない」という信念を持っていれば，「父親である自分の役割は子どもと直接関わることよりも働いて家族を養うことであり，子どものことは妻に任せておけばよい」と発想するだろう。

　父親が家事・育児に関わることは，母親に対するサポートとなるだけでなく，子どもや父親自身の発達にとっても肯定的な意味を持つ（石井クンツ，2013）。前に述べたように，男性にも妊娠期を通じて子どもの養育に向くような生理的な変化がみられる。また子どもと関わる経験によって子どもへの反応が高まるような脳の活動が賦活されることも報告されている（Seifritz et al., 2003）。親役割が生物学的に規定されるという思い込みを持っている場合には，それを修正するような働きかけが求められるだろう。

3 節　職場・社会の理解　

　子育て期の家族は今も「父親は仕事，母親が育児」という性別による役割のかたよりが色濃いことをみてきたが，このような家族の形は労働者に職場・職

務への献身を求める社会のあり方と密接に関係している。妻の有職無職にかかわらず家庭責任は主に妻が担っているので，夫は長時間職場にとどまることができる。家事・育児を免責された男性並みの長時間労働が職場の標準になると，家庭責任を負う人は職場からはじき出されてしまう。そうして子育て中の母親をはじめ，介護の責任を負う人，病気や障害を抱える人，ひとりで稼ぎ手と子育ての二役を果たすひとり親といった人々が労働市場の周辺へ追いやられ，貧困や格差の問題が生じている。

　少子高齢化による生産年代の人口減少に対処するべく，政府は労働力の確保を目指して2019年に労働基準法を改正し，「働き方改革」に着手している。長時間労働を是正し，育児や介護と仕事を両立しやすくする取り組みがうまく機能すれば，男女を問わずライフコースの各局面で仕事と生活が調和した生き方（ワーク・ライフ・バランス）が実現できるものと期待される。

　「子育て中の親」を「親」や「働き手」など多重な役割を負った多面的な存在として意識すると，親たちの生活やライフコースの全体像に対する想像力が働くのではないだろうか。「親が子どもを育てる」という営みを，世代の違う二者のライフコースの重なりとしてみることで，親と子それぞれが今後どのように発達していくか，親子の関係はどのように展開していくか，発達的な視点で親子を理解することが可能になるだろう。

研究課題

1．図8-2の元データにあたり，他の組み合わせの夫婦の「仕事」「家事」「育児」時間を調べ，夫婦の働き方と家庭内の役割分担について考察してみよう。
2．育児ストレスに悩む親に対する支援の仕方を考えてみよう。
3．父親が子育てに関わることにはどのようなメリットがあるか調べてみよう。

推薦図書

●『親と子の愛情と戦略』　柏木惠子　講談社現代新書
●『「育メン」現象の社会学：育児・子育て参加への希望を叶えるために』　石井クンツ昌子　ミネルヴァ書房
●『家庭と仕事の心理学：子どもの育ちとワーク・ライフ・バランス』　尾形和男（編著）　風間書房

Column 8

ワーク・ライフ・バランス

　2007年のワーク・ライフ・バランス憲章では，「国民一人ひとりがやりがいや充実感を感じながら働き，仕事上の責任を果たすとともに，家庭や地域生活などにおいても，子育て期，中高年期といった人生の各段階に応じて多様な生き方が選択・実現できる社会」（内閣府男女共同参画局，2007）の実現が謳われている。ここでいう「ライフ」とは，老若男女年すべての人が日々送っている「生活」全般を意味する。憲章に掲げられたようにワーク・ライフ・バランスが実現すれば，個人がどのような生き方を選択したとしても，ライフコースの各局面で各自の希望に応じて仕事，子育て，介護，余暇活動，地域活動，自己啓発など，様々な活動にバランスよく従事することができるはずである。

　だが日本でワーク・ライフ・バランスが取り上げられる際には，「ライフ」は「子育て」という限定的な意味で理解されていることが多い。それは日本ではこの概念が人が生きる上での権利の問題ではなく，少子化対策の一環として導入されてきたためだと考えられる。1994年に策定された「エンゼルプラン」以降，2003年の「次世代育成支援対策推進法」や2005年から始まった「子ども子育て応援プラン」などの子育て支援政策は，子育て期の親が仕事と子育てを両立できるよう支援することに重点が置かれていた。しかし，そうした「ファミリー・フレンドリー」な制度には，「子どものいる人だけが特別扱いをされている」との批判もあった。実際，子育て中の働き手が制度に基づいて育児休業や短時間勤務を利用するとき，職場に補充の人員が配置されなければ同僚の負担は増えることになる。それは親個人の責任ではなく仕事量と人員配置を管理する雇用者側の問題なのだが，そうした批判の声が働きながら子育てをする親たちへの逆風となっている場合があることは否めない。

　この章の冒頭でみたとおり，結婚しない人生を送る人が増えている今，日本の全世帯のうち18歳未満の児童がいるのは2割余り，6歳未満の未就学児に限れば1割未満と，子どものいる家庭は社会の少数派となっている（厚生労働省，2020）。ワーク・ライフ・バランスが実現し，年齢，性別，婚姻状態や子どもの有無にかかわらず，すべての人の生活や人生の選択が尊重されるようになれば，「お互い様」の感覚で子どもや子育てに対する理解と共感が寄せられるのではないかと期待される。

第 **9** 章
多様な家庭とその理解

　　現在，日本でも家族のかたちの多様化・複雑化が指摘されている。その一方，もともと多様で複雑だったものが認識されるようになってきたのだとする声もある。

　　家族関係とそこでの養育体験は，子どもの育ちに大きな家協を及ぼす。一方で，子どもは柔軟であり，多少マイナス要因と思われることがあっても他のプラス要因によって健全に成長していくことも多い。

　　この章では，多様な家庭とその理解として，ひとり親家庭（離婚家庭）やステップファミリー，貧困，里親，社会的養護について学んでいく。自分自身の家族関係や家族に対するイメージと重なるところはあるか，異なるところはあるか，考えながら読んでほしい。

1 節　さまざまな家族のかたち

　「一般的な家族」として多くの人が思い浮かべるのは，初婚の両親と血縁関係のある子どもというかたちだろう。一方，現実の家族は多様で複雑であり，家族一人ひとりが誰を家族だと思っているかも様々である。本節では，様々な家族のかたちの一例としていくつかの家族形態を説明していく。

1 ── ひとり親家庭

　ひとり親家庭の大部分を占めるのが離婚家庭である。日本における離婚件数は，2002年を境に微減し，現在は年間20万件超を推移している。親の離婚を経験する20歳未満の子どもは年間21万人超である。平成28年度全国ひとり親世帯等調査（厚生労働省，2017）によると，ひとり親になったときの末子の平均年齢は，母子世帯では4.4歳，父子世帯では6.5歳，生別世帯（離婚，未婚によりひとり親世帯になった家庭）では母子世帯4.3歳，父子世帯6.1歳となっている。就学前の時点で親の離婚を経験する子どもも多いことが示唆される。

　親の別居後1～2年は，子どもは一時的な行動の変化を示すことが多い（Hetherington et al., 1982, Wallersten & Blakeslee, 2003）。離婚に対する子どもの反応は発達段階によって異なることが指摘されている。福丸（2020）によると，幼い子では感情コントロールの難しさ，睡眠の乱れなどのかたちで現れ，物心がついてくると「離婚は自分のせいだ」と思いやすくなる。児童期・思春期になると行動上や学業上の問題，悲嘆反応や父母間での忠誠心葛藤が起きやすくなるという。この時期は親も自分自身のことで精いっぱいになり，養育能力が低下しやすい。しかし，この頃に子どもの気持ちに配慮し，離婚についてきちんと説明すること，離婚は親同士の問題であって子どもには責任がないことや離婚しても親は親であり続けることなどをきちんと伝えられると，子どもも離婚後の状況に適応しやすくなる。親側が気持ちを整理して安心して子どもに向き合えるような支援や心理教育的なかかわりが求められている。

　近年，離婚はあくまでも夫婦の別れであり，離婚後を子どもの立場から捉え直すことの重要性が指摘されている（福丸，2019）。離婚という家族の大きな変化を経て，子どもと同居する側の親，別居する側の親，双方が子ども（た

ち）と関係を再構築していくことが大切である。別居親と子どもとの関係として，面会交流の重要性も認識されるようになっている。双方が「子どものための面会交流である」ことを意識し，子どもが「両親とも自分の大切な親」と思えるような雰囲気をつくっていくことが必要だろう。そのためには，日頃から他方の親を悪く言わない，別居親の話題を家庭の中で自然と出せるようにするなどの配慮も求められる。一方で，DVや虐待の問題がある，元夫婦間の葛藤が強い，別居親側の無関心などにより面会交流が難しい場合もある。「こうあるべきだ」という理想論ではなく，それぞれの家族に合わせたあり方を考えていくことが大切だろう。

　ひとり親家庭では祖父母との関わりが増えることも多い。親側にとっては家事・育児を手伝ってもらえる，相談相手ができることは大きなメリットであり，子どもにとっても身近に頼れる祖父母がいることは心身の安定につながりうる。一方，離婚やその後の生活，面会交流について祖父母と親子の考え方に相違がある場合，親や子が気を遣ったり，祖父母との関係に葛藤を覚えることもある。まずは親子の考え方を尊重していくことが求められる。

2——ステップファミリー

　子どもがいる再婚家庭など，「一対の成人男女がともに暮らしていて，少なくともどちらか一方に，前の結婚でもうけた子どものいる家族」（Visher & Visher, 1991）のことをステップファミリーと呼ぶ。婚姻数における再婚（夫妻とも再婚またはどちらか一方が再婚）数は増加傾向にあり，2017年では全婚姻数のうち26.6％が再婚となっている。

　再婚家庭では，夫婦の関係よりも親子の関係の方が歴史が長いといった特徴がある。そのため，子どもからすると継親は親子の間に侵入してきた人と感じられることもある。夫婦の関係性をつくるべきときに他の家族の発達課題が押し寄せてくることも多いため，夫婦できちんと話し合いをしつつ，継親子関係，実親子関係を深めていくことが必要となる。継親にまずは「仲のいい大人」といった立ち位置でいてもらい，しつけは実親がになう，家族全体で仲良くするより1：1で関係をつくっていく，などができるといい（緒倉ら，2018）。初婚同士の家族のようなかたちを目指すのではなく，ゆるやかにつながった互い

に心地良い関係性を探っていくことで，無理のない関係ができていく。

3──性的マイノリティの家族

　日本でも，子どもを育てる LGBTs のカップルが徐々に増えている。また，乳幼児期にはそれほど明確でなくても，子どもが性的マイノリティであることもあるだろう。性自認や性指向は必ずしも二分できるものではなく，グラデーションがあるものである。「ふつう」「男らしさ」「女らしさ」といったことにとらわれずに，目の前にいる一人ひとりに向き合う姿勢が大切である。

2節 子どもと貧困

　「貧困」には様々な定義がある。よく使用されるものが絶対的貧困（生きる上での基本的なニーズを満たせない，生存に欠かせないものがない状態である）と相対的貧困（中央値の50％以下の可処分所得）である。現在日本で子どもの貧困が議論されるときには，相対的貧困が用いられることが多い。

　「貧困」というと低所得や必要なものが買えないといったイメージがわきやすいが，貧困に伴う問題はそれにとどまらない。山野（2019）は，イギリスで貧困に取り組む民間組織である CPAG（Child Poverty Action Group）の使用した概念をもとに，3つの資本の欠乏・欠如に着目して調査を行っている。第1が経済的資本の欠如，第2がヒューマン・キャピタル（能力を労働力に転換する力，得られた所得を必要な資源に転換する力）の欠如，第3がソーシャル・キャピタル近隣や友人との関係性，信頼できるコミュニティ）の欠如であり，これら3つが重複することで，困窮状態は深刻化・固定化しやすくなる。例えば，経済的資本の欠如によって親は体調不良を抱えやすくなり，生活を楽しんだり，子どもと向き合うことが少なくなる（親のヒューマン・キャピタルが低下）。また生活に余裕がない（経済的資本の欠如）と周りの人と交流する余裕がなくなる（ソーシャル・キャピタルの低下）。さらに，親が発散できるつながりを持たない場合，体調不良が起こりやすくなる（ソーシャル・キャピタルとヒューマン・キャピタルが密接に影響）。そして，親のヒューマン・キャピタルやソーシャル・キャピタルの欠如は子どものヒューマン・キャピタル

（自己効力感や学力）の低下やソーシャル・キャピタル（社会的なつながりや居場所）の欠如につながっていくことが示されている（山野，2019）。

　このように，貧困は社会的孤立と密接に関係している。そして，貧困や孤立は虐待の重大なリスク要因となる。それゆえ，支援が必要な人，しかし自分からは声をあげない人へのアウトリーチが求められる。就学前の子どもにおいては，困窮度が上がるほど基本的な生活習慣が構築されにくいこと，子どもに経験させることが減ることが示されている（山野，2019）。このような状況は，子どもの育ちに大きな影響を与える。団（2012）は，欲しいものが買えない貧困だけでなく，あれがほしい，これが欲しいという当たり前の欲望さえも奪ってしまうのが貧困であると述べている。内海（2013）は，貧困状態にあった子どもが物を大切にできないように思われる状況について「貧しさゆえに（少なくともそれが大きな要因となって）一つひとつの物に思いをかけるだけのゆとりはなかったこと，結果として子どもからすれば，物を介して自分を大事にされる経験を十分享受できなかったことが窺われた」と描写している。

　ひとり親家庭，特に母子家庭の貧困も問題である。貧困によって，本来ならば享受されるべき生活の何が奪われているのかを考える「はく奪指標」という指標があるが，先の山野（2019）の調査によると，母子家庭はふたり親家庭と父子家庭と比べて有意にはく奪指標得点が高くなっていた。母子家庭における正規職員・従業員の割合は増加傾向にあるとはいえ，依然非正規で就業している割合も多く，働いてもなかなか貧困状態から抜け出せないことが大きな理由であると考えられる。また，養育費の取り決めをしている人の割合も増えているが，安定して養育費を受給している割合は24.3％と低水準であり（厚生労働省，2017），養育費の問題も貧困対策の1つとして重視されている。

3 節　社会的養護

　保護者のない児童，被虐待児など家庭環境上養護を必要とする児童などに対し，公的な責任として，社会的に養護を行う制度を社会的養護という。厚生労働省によると，対象児童は約4万5千人である。その数自体は30年前から大きな変化はないが，現在子どもの数が大幅に減少していることを考えると，保護

される子どもの割合は増加しているといえる（野口，2018）。

　社会的養護の主な担い手は，里親や児童養護施設などである。現在日本では家庭的な雰囲気の中で子どもが育つことの重要性から，里親事業の拡充，施設の小規模化が推進されている。急激な施設の小規模化や里親委託への移行については問題点も指摘されているが（浅井・黒田，2018），子どもが安心安全な場で，養育者との安定した関係性のもとで成長していくことは社会の願いである。本節では，里親や施設における子どもの育ちについて概観する。

1——里親・ファミリーホーム

　里親制度は，児童福祉法第27条第1項第3号の規定に基づき，児童相談所が要保護児童（保護者のない児童や保護者に監護させることが不適当である児童）の養育を委託する制度である。養育里親，専門里親（虐待の悪影響が大きい・非行等の問題がある・障害があるなど，養育において特に支援が必要な児童を里子とする），養子縁組里親，親族里親という区分がある。研修の充実化も図られ，社会的養護を必要とする子どもへの理解が促進されている。改正児童福祉法の理念のもと示された「新しい社会的養育ビジョン」でも家庭養育を優先するという原則を徹底するために，里親数の増加や里親支援制度の拡充に力が入れられている（新たな社会的養育の在り方に関する検討会，2017）。

　このような流れを受けて，児童福祉の必要性を理解したうえで里親登録をする人が増えてきている（厚生労働省，2018）。一方で，里親の場合，親権者は実親であるがゆえの難しさも多い。実親が同意し里親委託になったとしても，予防接種のたびに親権者に同意を得る必要があるなど細かなやりとりが里親の負担になることもある。また，被虐待経験のある子どもも増えてきており，子どもが里親家庭に慣れて安心して過ごせるようになるまでには，多くの場合長い時間とエネルギーが必要となる。家庭という密室空間だからこそ，子どもとの関係が煮詰まってしまうことも少なくない。実子と里子との関係や真実告知も里親ならではの悩みといえるだろう。里親サロンで互いの苦労や悩みを話し合える，困ったときにすぐ相談でき支援を受けられる，レスパイトケアで一息つく時間を持てるなど，里親が孤立しないための仕組みづくりも重要である。

　2017年に大阪市で初めて同性カップルが養育里親に認定されたことをきっか

けに，他の都市でも同性カップルの里親認定に門戸が開かれつつある。養育者
の性的志向や配偶者の有無ではなく，子どもの養育への理解や熱意，愛情や安
定的な生活といった判断基準によって認定が進んでいくと考えられる。

　里親から発展して誕生したファミリーホーム（小規模住居型児童養育事業）
では，養育者2名＋補助者1名以上，あるいは養育者1名＋補助者2名以上で
5〜6人の子どもたちの養育が行われている。きょうだいで委託されるケース
も多く，里親と比べて「子どもの養育のため」という目的が明確で実親からの
同意も得られやすく，委託が進むことが期待されている（小池，2018）。

2——施設養護

　施設養護を担う施設としては，乳児院，児童養護施設，児童心理治療施設，
児童自立支援施設，母子生活支援施設，自立援助ホームなどがある。ここでは，
乳児院，児童養護施設，児童心理治療施設について説明する。

(1) 乳児院

　乳児院は，原則2歳未満の乳児の保護と養育，保護者や里親の支援，地域の
子育て支援などを主な役割としている。入所中のケアだけでなく施設利用後の
アフターケアに力を入れていることも特徴である。乳児期は著しい発達がみら
れる時期であると同時に，個人差も大きい時期であるため，一人ひとりの発達
の状況や個性を見極めながら，その子にあった支援が行われている。

　乳児院への入所理由は，虐待，家族の精神疾患等，離別別居（養育困難），
母未婚……などである（全国乳児福祉協議会，2019）。他の施設と比べ，親が
いる子どもが多いのが特徴である。子どもを安心して親元に帰せるよう積極的
な親支援が行われている。子どものあやし方や喜ぶポイントを伝える・泣いて
いる子をあやす親に付き添う・一緒に離乳食をつくるなどの対応を通して，親
子のアセスメントを行うと同時に関係づくりをサポートしている。月1回以上
の面会交流や一時帰宅実施の割合も高い。退所後の行き先は家庭復帰が約半数
を占め，他施設入所，里親委託と続く（全国乳児福祉協議会，2017）。

(2) 児童養護施設

　児童養護施設は，保護者のない児童や保護者に監護させることが適当でない
児童に対して，安定した生活環境を整えるとともに生活指導，学習指導，家庭

環境の調整等を行いつつ養育し，心身の健やかな成長とその自立を支援している。他の社会的養護と同様，近年は被虐待児の入所が増加している。

　児童養護施設で営まれ目指されているのは「ふつうの生活」である。しかし，その「ふつう」は一般の家庭と同じという意味ではない。様々な事情により大人からのかかわりが極端に少ない，あるいは極端に偏っていることが多かった子どもたちにとって，心身ともに安全な空間でルーティーンに沿った日常を送れる，必要なときに適切なケアを受けられる，1人の個性を持った人間として尊重される……といった生活の積み重ねは治療的に働きうる。児童養護施設などにおける営みが，生活臨床と呼ばれるゆえんである。そうした生活の積み重ねや個別の支援を通して，心身の健全な成長と社会的な自立が目指されている。

　近年は家族再統合など，家庭復帰を目指した環境調整や支援が積極的に行われている。家庭復帰には至らなくても，家族，親との関係を再構築していくことは，子どもが親との関係を客観的に受け止め，自らの存在を受け入れることができるようになるために必要な営みである（小池，2018）。

(3) 児童心理治療施設

　児童心理治療施設は，家庭環境，学校における交友関係その他の環境上の理由により社会生活への適応が困難となった児童に対して，社会生活に適応するために必要な心理に関する治療及び生活指導を主として行い，退所後の相談やその他の援助を行うことを目的としている。名前の通り，入所（通所の場合もある）の目的は治療であり，心身に何らかの障害や症状を有している子どもの割合は84.2%にのぼる（厚生労働省，2020）。また，親が重篤な精神疾患を抱えているなど，家族支援に高度な専門性が必要とされる場合も多い。

　児童心理治療施設では入所中の子どもが通学するための学校が設置されていることも多い。施設全体が治療の場であり，施設内で行っているすべての活動が治療であるという「総合環境療法」の立場をとり，①医学・心理治療，②生活指導，③学校教育，④家族との治療協力，⑤地域の関係機関との連携を柱とし，医師，セラピスト（心理療法士），児童指導員や保育士，教員など子どもに関わる職員全員が協力して一人ひとりの子どもの治療目標を達成できるよう，本人と家族を援助している（全国児童心理治療施設協議会，2017）。

　近年は被虐待児の入所も増加している。落ち着きのなさや過敏，暴言暴力，

情緒不安定，パニックなど様々な心理的困難を抱えている子どもたちが多いが，その根本には脅かされ続けながら生き延びてきたゆえの強い恐怖心や不安感があることも忘れてはならない（瀧井，2020）。入所期間は全国平均で2〜3年であるが，子どもたちが安心して眠れるようになり，困ったときに周囲の大人を頼れるようになると，少しずつ退所の見通しが立てられるようになるといわれる。退所後の行き先は，家庭復帰，他施設への移行の順となっており，様々な理由により自立（18歳）まで入所を続ける子どもも一定数いる。

3 ── 地域における子育て

　社会的養護というと里親や施設養護が思い浮かぶが，虐待相談対応事例のうち一時保護に至るのは約15%，その後施設入所等に至るのは2%程度（一時保護されたうちの約19%）である（厚生労働省，2020）。大部分の子どもたちは，地域の様々な支援を受けながら，家庭での養育が続けられる。里親委託や施設措置となった場合でも，その子どもたちが生きていく場所は地域である。上述の各施設は，施設養護の担い手としてだけでなく，地域の子育て支援の拠点として地域に暮らす家族（里親家庭を含む）に対する専門的な支援を行っていくことも期待されている。地域で，ひいては社会全体で子どもを育て支えていく，という意識が共有され，あたりまえになっていくことが目指される。

 研究課題 ──────────────────────

1．自分がどのような家族のイメージを持っているか考えてみよう。
2．子どもの育ちに必要な要因はどのようなものか，どのような要因がリスク要因となり，どのような要因が保護要因となりうるか，考えてみよう。
3．本章で挙げた以外に家族のかたちとしてどのようなものがあるか，その特徴はなにか，考えてみよう。

推薦図書 ──────────────────────

● 『だいじょうぶ！　親の離婚』　ケント・ウィンチェスター，ロベルタ・ベイヤー（著）高島聡子，藤川洋子（訳）　日本評論社
● 『ステップファミリーのきほんをまなぶ──離婚・再婚と子どもたち』　緒倉珠巳・野澤慎司・菊池真理・SAJ　金剛出版
● 『児童養護施設の心理臨床　「虐待」のその後を生きる』　内海新祐　日本評論社

Column 9

自分の存在意義を考える

　親の離婚を経験した子どもたちにインタビュー調査をしていると，しばしば「なぜ親が離婚したのか知りたい」という語りを聴く。離婚について家族内では話題に出しづらい雰囲気を感じ取っている人，物心がつくまえに離婚していて離婚についての説明をきちんと受けていない（あるいは受けたかもしれないが覚えていない）人たちは，「なぜ離婚したのだろう」「そもそもどうして結婚したのだろう」という疑問を胸に抱えながら生きていることが多いようである。また，別居親との交流が少なく，記憶があまりない人は「お父さん（お母さん）はどんな人なのだろう」という疑問も同時に抱えている。

　このような疑問は思春期を迎える頃に膨らみ始め，他の悩みと結びついてどんどん大きく深くなることが多いようである。子どもにとって，両親が離婚した（せざるを得なかった）理由，結婚した理由を問うことは，「自分はなぜこの世に生まれてきたのか」「自分は生まれてきてよかったのか」といった存在意義を問うことにつながっているのである。親が子どもに離婚について説明する，子どもからの質問に答える，離婚後も別居親との交流を持ち続けることは，子どもの存在意義を肯定することにもつながりうる。

　このような問いは，養子となった子どもたち，里親や施設など社会的養護のもとで暮らしてくる子どもたちの多くも経験するといわれる。そのため，養子や里子に対しては，早い時期から繰り返し「真実告知」をすることが勧められている。理由があって実の親とは暮らせないこと，だが養親・里親はあなたのことを大切に思っていて一緒に暮らせることが嬉しいこと，などを何度も伝えていくのである（伊藤，2018）。施設養護の場合でも，親との関係性の再構築に加えて，自分のルーツを探し，つなげていくような取り組みが行われている。通っていた保育園でかわいがられていた様子，乳児院などでの生活の様子などを聴き取り，本人と共有していくことなどを通して，子どもが自分の存在を肯定できるようになったという報告は数多くなされている。

　複雑な環境で育った子どもの場合は特に，様々なしわ寄せが子どもにいきがちである。子どもがどんな体験をしている（していた）のか，それについてどう思っているのか，子どもの視点に立って考えていくこと，そしてその存在を丸ごと受け止めていくことが求められている。

第10章
特別な配慮を要する家庭：障害をもつ子どもの保育

　「障害児」を英語で表現するときは「特別なニーズをもつ子ども（children with special needs）」と表すのが一般的である。特別支援教育は「特別ニーズ教育（special needs education）」で，こちらは日本でも使われ始めている。

　この章では，特別なニーズという観点から子どもへの支援を考えるとともに，子どもの困難さは何から生じているのかについても考える。それはつまり「障害があるから」という押しつけの支援ではなく，子どもの視点に立ち，目の前の子どもの困った思いに寄り添った支援を考えるということである。また，発達途上にある幼児期はすべての子どもが特別なニーズをもっているという視点も，併せてもつ必要がある。

1 節 子どもの障害

　障害の「害」という言葉には，「危害」「災害」といった悪いイメージを連想させるため，ひらがなで「障がい」と表記するメディアや自治体が増えている。この章では，障害は「障害者」の側ではなく，社会との関係性の中に存在し，生きづらさを感じさせられる「何か」を障害と考えて話を進めていく。そのため，ネガティブなイメージをもつ「障害」の表記をあえて使用する。ただ，本当に大切なのは表記ではなくその先にある気持ちである。「障がい」と表記していてもその意図や思いを理解していなければ意味はない。「障害・障がい・障碍」という言葉を目にしたら，その理由や背景に思いをめぐらせてほしい。

1 ── 肢体不自由

　肢体不自由とは，肢体（腕から手先と脚から足先・胴体）の機能が病気やケガで損なわれ，永続的に日常生活動作を行う上で困難が伴う状態をいう。先天性のものと，事故などの後天性のものがある。肢体不自由といっても，日常さほど困難を感じない程度から，杖や車いすなどを必要とする程度，多くの日常生活動作に支援を必要とする程度など，障害の部位や程度によりかなりの個人差がある。そのため，日常生活動作にどのような困難があるか，補助的手段によりどの程度軽減されるか，注意深くモニタリングを行うことが必要となる。

2 ── 視覚障害

　視覚障害とは，視覚機能に障害があり日常生活に支障をきたしている状態をいう。視覚機能には，入力機能と，入力された情報を処理する処理機能と，処理された情報を運動機能へ伝える出力機能から成り立っている。視覚障害は主に，入力機能である視力と視野の程度で判定され，眼鏡などを用いても十分な視力を得られない状態が障害となり，程度によって盲と弱視に分けられる。盲とは視力がまったくない状態をいい，弱視は矯正しても視力が0.3未満の状態をいう。医学的弱視と教育的弱視に分けられ，医学的弱視は早期に矯正・治療を行えば十分な矯正視力まで回復することが期待できる場合をいう。教育的弱視は治療を行っても視力が0.3以上伸びない状態である。眼科領域では医学的

弱視を弱視とよぶことから，混乱を避けるため教育的弱視をロービジョンとよ
ぶこともある。また，教育的弱視を含め，視野狭窄（見えないところがある）・
色覚異常（色が異なって見える）・明順応障害（明るいと見えにくくなる）・暗
順応障害など，盲を除く視覚異常全般を指すこともある。

3——聴覚障害

　聴覚障害とは聴覚部位に障害があり，まったく聞こえないか，聞こえにくい
状態をいう。音は外耳で集められ中耳で増幅された後に，内耳で電気信号に変
換され脳に伝わり，脳が処理することで具体的な音として認識される。外耳と
中耳は音の振動を伝える部分なので伝音系，内耳から先は神経が音を感じる部
分なので感音系という。伝音系に障害がある場合を伝音性難聴，感音系に障害
がある場合を感音性難聴，感音系・伝音系ともに障害がある場合を混合性難聴
という。伝音性難聴は耳栓をしているような状態で，音が小さく聞こえる特徴
をもち，治療によって改善するものも多い。感音性難聴は，小さく聞こえるだ
けでなく歪んだ状態になり，言葉も聞こえづらくなる。

　聴覚障害のもたらす二次的障害として，ことばの獲得やコミュニケーション
の問題がある。これに関連し，言語を聞いて身につける以前に重い聴覚障害に
なった人をろう者，音声言語を獲得した後に重い聴覚障害になった人を中途失
聴者，聞こえにくいけれどまだ聴力が残っている人を難聴者とよぶこともある。

4——知的障害

　知的障害は，乳幼児期より知的能力の発達が全般的に遅れた水準にとどまっ
ているため,日常生活を営む上で様々な支障が生じている状態を指す。「精神疾
患の診断・統計マニュアル 第5版（DSM-5）」では「知的能力障害」と表記さ
れている。知的障害は診断名ではなく,様々な疾患や障害に共通してみられる症
状につけられた総称となる。DSM-4では学習・推測・課題解決に必要な知的能力
の基準を数値化した知能指数（IQ）のみで分類されていた。DSM-5ではIQに偏
重していた従来の診断と評価を改め，学習・推測・課題解決に必要な知的能力
と，ルールを守ったりコミュニケーションをとったりと日常生活で学びながら
行っている適応能力を加えた2つの機能に基づき判断されるようになった。

5——発達障害

　発達障害とは生まれつき，脳機能の一部が通常とは異なる働き方をしてしまう障害の総称であり，育て方や愛情不足は原因ではない。また，知的障害と同様に「発達障害」という診断名はない。発達障害者支援法では，「この法律において『発達障害』とは，自閉症，アスペルガー症候群その他の広汎性発達障害，学習障害，注意欠陥多動性障害その他これに類する脳機能の障害であってその症状が通常低年齢において発現するものとして政令で定めるものをいう」と定められている。代表的な発達障害としては，自閉症スペクトラム障害・注意欠陥多動性障害・学習障害・チック障害・吃音などがあり，知的障害は含まない。調査では発達障害を疑われる子どもの割合は6〜7％となっている（文部科学省，2012）。複数の発達障害を併発する場合も多い。発達障害を引き起こす要因や仕組みは完全にはわかっておらず，薬や手術などで脳の働き方を改善させることはできない。しかし，コミュニケーションの問題，落ち着きのなさなどは，適切な支援により改善可能で，生活を送る中で感じる困難さは軽減できる。

(1) 自閉症スペクトラム障害（ASD）

　ASDはコミュニケーションとこだわりに困難さをもつ障害である。以前は，言葉の発達が遅れる自閉症，知的障害を伴わない高機能自閉症，言葉の遅れがないアスペルガー症候群など，異なる障害に分けられていた。これらをDSM-5では「スペクトラム（連続体）」という言葉を用いて1つの診断名に統合した。コミュニケーションにおける困難さは，人に対して関心が弱く，他人との関わり方が特有で，相手の気持ちといったことを理解するのが苦手という特性により起こる。こだわりにおける困難さは，特定の物事やルールに固執しやすく，自分の興味ややり方を優先したいという特性によって起こる。

　ASDは病気というより，持って生まれた特性と考える方が現実的である。子どもに合わせた適切な環境と関わり，そして周囲の理解を通じて，生活上の支障を減らしていくことが必要である。これは自己肯定感を高め，二次障害の予防につながる。また，療育（治療教育）を受けることで，生活の支障を少なくすることもできる。療育は，発達支援センターや医療機関などに併設された施設で受けることができ，少人数での遊びや作業を通じて，集団でのルールやコ

ミュニケーションの方法を身につけられるようなプログラムが提供されている。

(2) 注意欠陥多動性障害（ADHD）

　ADHD は，自己コントロールが利きにくい障害で，不注意・多動性・衝動性を主な特性とする。この特性が年齢や発達にそぐわず，12歳以前からみられ，場所が変わっても一貫してみられるとき ADHD として診断される。不注意は，注意散漫で集中が続かず，忘れっぽい状態である。また，興味のあることには没頭してしまうこともある。多動性は，じっとしていられず，無意識に体を動かし，話がやめられない状態である。衝動性は気持ちのコントロールが難しく，思いついたことをすぐ行動に移してしまう状態である。

　ADHD の治療は環境調整・行動療法を行い，改善がみられない場合に薬物療法が併用される。環境調整は刺激を調整したり，生活と遊びの場を分けたりするなど，とるべき行動がわかりやすい環境へと改善させていくことである。行動療法は「してほしくない行動」を適切な学習を通じて「してほしい行動」に変えていく心理療法の一種である。薬物療法は根本治療に近く，医学界では効果や安全性が確認された治療法として治療の中心となっている。

(3) 学習障害（LD）

　LD とは，全般的な知的発達に遅れはないものの，聞く・話す・読む・書く・計算する・推論する能力のうち，特定のものの習得と使用に著しい困難が生じる発達障害のことである。小児期の特異的な読字障害（字を読むことに困難さがある）は発達性ディスレクシアとよばれ，学習障害の中核障害と考えられている。ディスレクシアは読字障害であるが，読むことが難しいと書くことも困難になるため，読み書き障害とよばれることもある。

　LD の原因となる脳機能のかたよりを治療することはできない。そのため，学び方が異なる脳機能をもっていると考え，二次的な学習困難を起こさないよう，教材や授業を工夫するなどのアプローチを，早い段階から行うことが重要である。ただし，幼児期で学習障害を疑うことは慎重にすべきで，学習が始まる小学校入学後の早い段階で気づけることが理想である。

2節 インクルーシブ保育

　海外に目を向けると，障害の有無を含め，国籍・人種・性別等，多様な子どもがいることを前提とした，ともに学び合う「インクルーシブ教育」が重視されている。これは国連が推進する，様々な個性をもつ人が積極的に参加・貢献できる「共生社会」の実現に向けた大きな動きである。日本では，障害の程度により通常学級・特別支援学級・特別支援学校など就学先が分かれてしまうが，就学前の幼稚園・保育園・認定こども園では，広い意味ではインクルーシブ保育といえる統合保育が行われている。園は子どもが初めて出合う社会であり，障害の有無にかかわらず同じ場で保育を行う統合保育は，多様な存在を認め合う経験を自然なものとして受け入れていくことにつながってきた。これからの保育では，統合保育が果たしてきた意義を理解した上で，次の段階であるインクルーシブ保育へと発展させていく取り組みが求められる。

1──インクルーシブ保育

　広い意味でのインクルーシブ保育は，同じクラスで「障害児」と「非障害児」を保育することをいい，日本ではこれを統合保育とよんでいる。保育園では1978年に障害児保育が始まって以来，障害児保育は統合保育で行うことが基本となっている。インクルーシブ保育を本質的な意味で捉えると，多様性を尊重し，子どもたち一人ひとりの発達を保障しながら，子どもたちが育ち合える環境のもとで行う保育になる。この意味において，障害児・非障害児と2つに分けた上で統合させる「統合保育」はインクルーシブ保育とはいえない。

　統合保育では，非障害児に対する保育を前提とし，加配保育士の支援を受けて，その保育に障害児が参加するという考え方のもとで行われる。通常の保育自体は変えることなく障害児を受け入れるため，障害児をその環境に適応させることが重視されてきた。このような保育環境では「障害児に過大なストレスを与えている」「担任保育士と加配保育士の対立」「乳幼児期では障害と非障害を分けることが難しい」など，様々な問題が生じている。特に，障害の線引きが難しい発達障害では統合保育の限界が強く感じられる。そのため，統合保育は分離保育からインクルーシブ保育に移行する途中過程であると捉え，統合保

育の経験をもとに，インクルーシブ保育へと転換させる必要がある。

2——インクルーシブ保育の実践

　インクルーシブ保育では，特別なニーズをもつ子どもの特性を多様性と捉え，多様な子どもたちを前提とした新たな保育環境を作り上げていくことが求められる。ここでは，ASDタイプの子どもがいるクラスでの環境整備を物・システム・人の3つの側面から考えてみる。

　物的環境面では，知視覚の刺激を軽減する，落ち着けるスペースをつくる，物の配置を決めて子どもの導線をわかりやすくするなどが考えられる。子どもが過ごしやすい環境を整えることは，保育者にとっても大きな助けになる。例えば，衝動的になりやすい子どもが自由に1人になれる場所に行き，気持ちが落ち着けられる仕組みがあれば，保育者はその子にかかりきりになることなく，ほかの子どものサポートができる。

　システム的環境は，主に計画づくりに関することで，「見通しをもたせる」「無理をさせない」という考え方がベースになる。1日の流れを絵カードなどで示したり，生活に余裕時間を設けたりするなど，気持ちの切り替えが難しい子どもも緩やかに過ごせる時間配分をする。特別なニーズをもつ子どもには合理的配慮として個別の保育計画を作成するとともにクラス全体の計画にも配慮する必要がある。

　人的環境では，保育者の能力の向上と保育者同士の連携を支える体制が柱となる。特別なニーズをもつ子どもは，保育者の支援がないと，他の子どもと同じ体験ができないことがあり，特性に応じたサポートが必要となる。そのため保育者は，特別なニーズについて学び，支援の幅を広げる必要がある。

3 節　保護者への支援

　保育所保育指針では第4章「子育て支援」にて，保護者への支援が保育士等の業務であることが示されている。その中では，障害をもつ子どもの保護者に対して個別支援が必要であることも記されている。しかし，保護者への支援は子どもへの支援とは切り離せるものではなく，子どもの成長に最も影響を与え

る環境は家庭であり，保育・幼児教育が環境を通して行われるという原則から考えても，保護者支援は子ども支援の一部と捉えるべきである。

　保護者と保育者は子育てのパートナーである。子どもの障害の有無に関わりなく，保護者とともに考え・悩み・喜び合う日々を通じて，子どもの成長に欠かせない保護者の笑顔を増やせるような連携が保育者には求められる。

1──障害受容の押しつけ

　特別なニーズをもつ子どもの保護者に対して「障害受容ができていない」と嘆く声が保育現場でよく聞かれる。早期発見・早期対応のスローガンのもと「早く専門機関につなげたい」という気持ちの表れなのかもしれない。しかし，保護者の障害受容があたかも支援のゴールとして「受容できない保護者を責める」，あたかも支援のスタートとして「受容してくれないから子どもへの支援はできないと考える」，このような一方的な対応は問題である。保護者がわが子の障害を受け入れることは，辛く，悲しく，孤独なことである。障害を知らされ気持ちが楽になったという保護者もいるが，周りの視線と日々の苦労に押しつぶされそうになりながら，自分を責めたり，子どもを責めたり，葛藤を繰り返し辿り着いた心境だということを理解する必要がある。

　保護者の障害受容を阻む大きな壁は，私たちを含めたこの社会にある。ノーマライゼーションが進み，差別的な扱いを受けない社会であれば，障害受容の心理的ハードルはもっと低い。障害を受容する必要がないのかもしれない。だからこそ園においては，障害受容を求める前に，インクルーシブな保育環境を提供するなど，園内にある障害受容の壁を下げる責任がある。

2──保育者に求められる保護者支援

　保護者支援で最も重要なことは，子どもを安心して預けられる保育を行うことである。子どもが理解され，適切な環境のもと愛情に包まれ生活する日々を通じて保護者は保育者を信頼し，「悩みを相談してみよう」「保育者の声に耳を傾けてみよう」という気持ちになれる。特に特別なニーズをもつ子どもの保護者は「特別な目で見られてしまわないか」「クラスから外されないか」「自分が責められてしまうのではないか」と，相談に不安を感じることもある。また，

家では見られない問題行動が園では見られるなど，家庭と園での子どもの姿が異なる場合もある。信頼関係ができていない状態でこのような子どもの姿を伝えても，当然受け入れられず，保育者への不信感につながることになる。

　育てにくさで悩んでいる保護者が知りたいことは「なぜこんなことをするのか」という子どもの行動の理由や，「どうすれば落ち着いて座っていられるか」など子どもへの対応の仕方，そして，子どもの長所や成長の様子である。保育者から「障害が疑われること」や，まして「保育者が困っていること」を聞きたい保護者はいない。このような悩みに，子どもの困った思いに真摯に向き合い，試行錯誤しながらも，特別なニーズの知識やスキルをもとに改善に取り組んでいる保育者であれば，保護者の困った思いに寄り添い適切なアドバイスができるであろう。保育者が子どもの心配と感じられることを伝える際でも，「現在このような支援をしていて，それによって少しずつ成長している」と，園での取り組みを含めて伝えることができ，保護者の受け止め方は前向きになる。

　早期発見・早期対応は確かに大切であるが，保育現場で求められることは「早期理解」である。子どもの困った思いと行動の理由を理解し，支援していく。そのような保育を保護者と共有する中で，保護者は理解が促され，気持ちが前向きになる。そして保護者は，次の行動がとれるような心持ちになるのだと思う。保育者の支援は，保護者が親としての自信を育めることにつなげるものだということを常に思い起こす必要がある。

研究課題

1．保育の中でどのような支援ができるか，障害ごとに考えてみよう。
2．「サラマンカ宣言」「障害者の権利条約」について調べてみよう。

推薦図書

●『発達障害の子どもたちをサポートする本』　榊原洋一　ナツメ社
●『発達障がい児の保育とインクルージョン』　芦澤清音　大月書店
●『気になる子の本当の発達支援』　市川奈緒子　風鳴舎

Column 10
インクルーシブ保育とインクルーシブ教育

　まずは筆者が，知り合いの園長から聞いた話を紹介する。

【A保育園・園長の話】先日，市の教育委員会が主催するインクルーシブ教育の研修に参加してきました。大庭先生（筆者）が言うとおり，これからはインクルーシブ教育がとても大切だということがよくわかりました。学校は特別支援学級の数を増やしたり，通級を各小学校に設置したりと，発達障害の子どもが手厚い個別支援を受けられるよう体制を強化しているのですね。私の園にも障害をもったお子さんがいて，加配の職員はつけているのですが，学校みたいに特別な支援は全然できていなくて。障害児を専門でみている園があれば保護者の方に勧めたいのですが，大庭先生は知らないですか。

【B保育園・園長の話】４月から○○組という，特性をもった子どもたちの特別クラスをつくりました。はじめは，クラスにいられない子どもたちが自由に遊べるお部屋だったのですが，そのお部屋を担当していたフリーの保育士がいろいろ勉強して，子どもに合わせた課題などをやるようになったら子どもたちが生き生きしてきて。なので，主活動は普通のクラスと分けるようにしました。そうしたら普通のクラスもスムーズに生活できるようになったのです。その様子を見て，これからは合理的配慮が必要で，特性をもった子どもたちにはもっと個々に合わせた保育をすべきと考え，思い切って特性をもった子どもたちのための異年齢クラスを設置したのです。でも，学校みたいに交流も大切にしないといけないので，給食だけは普通のクラスで食べるようにしています。

　２人の園長はともに，保育に熱心で，子どものことを常に考えている方である。だからこそ，話を聞いたときはとても残念な気持ちになった。この残念な気持ちとは，インクルーシブを目指しているのに，結果としてインクルーシブとは真逆の方向に進んでいることにある。どちらの話も子どものためを思ってのことであるのに，なぜこのようなことが起きるのか，それは，日本におけるインクルーシブ保育とインクルーシブ教育の違いから起きているのだと思う。

　インクルーシブという点では教育に比べ保育の方が，歴史も長く，実践例も豊富で，何よりインクルーシブの捉え方が本来の意味に近い。よって，インクルーシブ保育については，インクルーシブ教育を乳幼児に置き換えるのではなく，これまでの保育実践の先にあると自信をもって考えるべきである。

第11章
特別な配慮を要する家庭：子ども虐待とトラウマインフォームドケア

　　家庭での虐待やマルトリートメントは，子どもの健全な発達を阻害し，心身の健康や対人関係，社会性などに影響をもたらす。早期の発見と介入のためには，家庭における養育上の困難についての理解と，子どもと保護者を支える積極的な関わりが求められる。その際，子どもの様々な不調や行動化について，幼少期のトラウマの視点から理解し，その影響を踏まえて適切に対応するトラウマインフォームドケアが有用である。こうした子どもや家族に関わることで，保育者もまた間接的にトラウマにさらされる。そのため，保育の質の維持や向上には，保育者自身のメンタルヘルスへの取り組みも欠かせない。

　　本章では事例をあげながら，トラウマインフォームドケアの観点から子どもや家族の心情や行動を理解するとともに，援助者自身の状態にも目を向け，安全・安心を高める関わりと環境づくりについて考える。

1 節 逆境体験とその影響

1——子どもの安全・安心を損なう養育と環境

(1) 虐待とマルトリートメント

　子どもの発達の基盤は，アタッチメントによって形成される安全感と安心感である。養育者の関わりによって苦痛や不快を軽減できた子どもは「守られている」「何があっても大丈夫」と感じ，安心して探索行動がとれるようになる。

　他方，安全ではない環境や関係性の中で育ったり，安心できない体験をした子どもは「世の中は危険」「何が起こるかわからない」という恐怖や不安，「何もできない」「自分はダメな子」といった無力感が強まり，常に周囲を警戒するという過覚醒状態になるために，発育全般が阻害されてしまう。

　2000年に施行された児童虐待の防止等に関する法律は，親や児童養護施設の施設長など「保護者」からの虐待として，身体的虐待，性的虐待，ネグレクト，心理的虐待の4種類をあげている。心理的虐待には，言葉による脅しや無視，きょうだい間の差別的扱いに加え，DVやきょうだいへの虐待行為も含まれる。2020年の改正法では，親がしつけに際して体罰を行うことも禁じられた。

　ネグレクトは，不十分な世話，家や車内への放置などの身体的ネグレクトをさすが，過保護や過干渉などによって子どもの感情やニーズを無視することは情緒的ネグレクトといわれ，不適切な養育であるマルトリートメントにあたる。

(2) トラウマと逆境

　虐待やマルトリートメントは，トラウマ（心的外傷）になりうる。トラウマとは，狭義には生命の危機に関わる体験とそれに伴う強い恐怖や無力感をさす。一般に，災害や事故に比べ対人暴力の方が影響が残りやすく，特に虐待やネグレクトといった家庭内の暴力と年齢不相応な性的体験はトラウマになりやすい。

　これに加えて，子どもの安全感を損なう環境で育つことは，逆境的小児期体験（Adverse Childhood Experiences：ACE）とよばれ，成人後の健康や寿命，薬物使用や犯罪などの社会適応に影響する（Felitti et al., 1998）。事例1のような親の精神健康やアディクション（依存）による家庭の機能不全，親との離別や頻繁な養育者の変更もACEに含まれる。ACEのように，子どものウェ

ルビーイング（良好な状態）にとって有害な体験は広義のトラウマにあたる。

事例1　逆境的小児期体験

　3歳のコハルは，児童養護施設で生活しています。お母さんは覚せい剤の所持と使用で刑務所に収監されている間に，コハルを出産しました。父親はわからず，頼れる親族もいなかったことから，コハルは乳児院で育てられ，現在の施設に移りました。施設には，様々な事情で家庭で暮らせない子どもがいます。

　胎内での薬物の影響もあってか，低体重で生まれたコハルは成長もゆっくりです。刺激に敏感で，不快なときは金切り声をあげて暴れます。職員のそばを離れず，他の子どもとの交流はほとんどありません。言葉の遅れもあり，職員は気がかりですが，集団生活ではコハルにじっくり関わることができません。

2──逆境体験が発達に及ぼす影響

　子どもは環境に順応しながら成長するため，逆境を生き延びるには警戒心を高め，大人の顔色や雰囲気を敏感に察する一方，自分の苦痛は感じにくく，淡々としているが，怒りや不安で興奮するとなかなか落ち着けないという状態になる。また，満たされない思いが自他への攻撃的な言動で表されたりする。

　子どもはストレスや混乱をうまく言語化できないため，それらは身体化（体調不良）や行動化（遊びや行動に表れる変化）で表現されやすい（表11-1，事例2）。

表11-1　幼児にみられやすいトラウマ反応

□発育不良：低体重，発達（身体・認知・言葉等）の遅れ，ケガをしやすく病気がち，アレルギー
□発達的退行：幼児語，夜尿もしくは排泄自立の遅れ，指しゃぶり，分離不安，過度な甘え
□過覚醒・情動調整不全：泣いたり叫んだりして落ち着かない，興奮しやすくおさまらない
□解離：ボーッとして話しかけても気づかない，できごとを覚えていない，白昼夢をみる
□再体験：悪夢や怖い夢をみる，ふいに頭に被害場面が浮かぶ（フラッシュバック）
　　　　　トラウマを直接あるいは象徴的に表す遊び（描画，人形遊び・ごっこ遊び）
□回避：特定の場所や人，話などを嫌がる（怖がりや引っ込み思案，こだわりが強くみえる）
□感情や感覚の麻痺：感情の表現や表情が乏しい，淡々としている，ケガをしても痛がらない
□攻撃：物を壊す，虫や動物を傷つける，他児への嫌がらせや暴力，職員への暴言と反抗
　　　　自傷行為（頭を壁に打ちつけるヘッドバンギングや皮膚をひっかくなど）
□性行動化：年齢不相応な性的言動，人との距離感が近くベタベタと甘える，他児の性器を見たり
　　　　　　触ろうとする／自分の性器を見せたり触らせる

※ほかにも，チック，異食（土やゴミを口にする），トイレ以外での排泄など

> **事例2　生活が落ち着いてから生じるトラウマ反応**
>
> 　セイヤの両親は，去年，DVにより離婚をしました。セイヤへの身体的虐待はありませんでしたが，お母さんがどなられたり，殴られたりするのを日常的に目のあたりにしていました。お母さんとの二人暮らしになると，5歳になっても続いていた夜尿も減り，まばたきをするチックも少なくなりました。
>
> 　ところが，その頃からセイヤはお母さんに「今すぐお菓子を買ってこい」と要求し，かなわないと暴れるようになりました。さんざん暴れて疲れると「ママァ」と甘えたようにしがみつき，おっぱいをせがみます。お母さんから片時も離れられないので，お母さんは家事もできずに，疲れ切ってしまいました。
>
> 　保育園でも，以前はおとなしく目立たない子だったのに，遊具の列に割り込んだり，保育士と遊んでいる子どもを押しのけたりするようになりました。

節　トラウマインフォームドケア

1──トラウマの影響を理解して関わる

(1) トラウマインフォームドケアの取り組み

　トラウマによる影響は，落ち着きのなさや逸脱などの問題行動とみなされやすく，子どもは周囲から叱責や非難を受けたり，排除されてしまうことが多い。これを再トラウマといい，周囲の否定的な関わりが過去のトラウマを思い出させるリマインダーとなることで，子どもはますます情緒不安定になる（事例3）。

　再トラウマを防ぐには，子どもに「何が起きているのか」という視点から理解する姿勢が求められる。状態や行動の背景にあるトラウマを認識して関わるアプローチをトラウマインフォームドケア（Trauma Informed Care：TIC）という。インフォームドとは「知識を持って」という意味で，あらゆる人のトラウマの影響を考えながら対応するものである（Column11参照）。

　TICは，トラウマの知識を持ち［Realize］，その影響がどのように表れているかを認識し［Recognize］，適切に対応することで［Respond］，再トラウマを防ぐ［Resist re-traumatization］という一連の取り組みであり，それぞれの頭文字から「4つのR」で表される（SAMHSA, 2014）。

(2) トラウマのつながりを整理する

　「何が起きているのか」を理解するためには，まず保育者が子どもや親のト

事例3　多動の原因は何？

　5歳のユタカは，楽しそうに遊んでいたと思うと，急にそばにいた子どもを突き飛ばしたり，「やめろ」と大声を出したりします。園では，ユタカの衝動性の問題と捉え，ADHD（注意欠如・多動症）の可能性を考えていました。

　ユタカは着替えや持ち物が揃っていないことが多く，両親はパチンコ好きの様子。家庭でのしつけが不十分と考えた園は，ユタカに「たたく，こわす，どなる」をルールで禁じましたが，叱責されたユタカはさらに暴れます。

　ユタカの両親は，毎晩お酒を飲んでは罵り合います。ユタカにも延々と説教をしたり，小突いたりします。ユタカの前で性行為が始まることもあります。

　保育園で，隣にいた子どもがふいに腕を振り上げたり，ユタカに触れたりすると，ユタカの頭には酔った両親にからまれる場面が浮かび，とっさに相手の腕を振りはらい，「やめろ」と叫んでしまうのでした。ほかの子どもたちの甲高い笑い声もユタカの気に障り，イライラしてしまいます。（事例4に続く）

図11-1　トラウマの三角形モデル（亀岡，2020より）

ラウマ反応に気づく必要がある。そして，過去のトラウマ体験と関連するリマインダーを探していく。このつながりを「トラウマの三角形モデル」（亀岡，2020：図11-1）で整理すると，トラウマの影響を「見える化」することができる。

　子どもは，自分に何が起きているのかわからず，自分の不調やうまくやれない原因を「自分が悪い子だから」と思っている。保育者は過去のトラウマを聞き出すのではなく，「イライラしているみたい」など子どもの現在の状態や感情に着目し，子どもを落ち着かせるような関わりをすることが望まれる。

（3）トラウマの再演

　トラウマを体験すると，そのときの場面や関係性を繰り返すことがある。これはトラウマの再演とよばれ，本人も無自覚に再被害を受けたり，加害に転じたりする。家庭でDVや身体的虐待を受けた子どもが，園で他児に暴力をふるったり，性的虐待を受けた子どもが他者との距離感が近くなり，年齢不相応な

性的言動を示すことで，性被害にあいやすくなったりするのも再演といえる。

　こうした再演に，保育者も巻き込まれる。子どもが大人への不信や怒りから試し行動や挑発的な態度をとることで，保育者の苛立ちや無力感が引き出され，威圧的に叱責してしまったり，うまく対応できなくなったりするかもしれない。子どもとの間で「何が起きているのか」という視点を意識的に持つ必要がある。

2──トラウマの影響を考慮する工夫

(1) 見通しが持てる生活の構造化

　逆境的な環境で育つ子どもは，常に「何が起こるかわからない」という不安や緊張を感じている。親の機嫌や体調次第で家庭の雰囲気や態度が一変するなど，大人の行動に一貫性がなく，生活が無秩序で見通しが持てないからである。

　保育現場では，一日の流れとやることをわかりやすく示し，どこに何が置かれているか，誰に何を話せばよいか，生活の構造化を図り，保育者の役割を明確にする。変更があるときは，子どもにていねいに説明する。急な変更自体が，不安定な家庭のリマインダーになるかもしれない。特定の保育者が子どもを担当しつつ，負担のかたよりがないように職員体制を整えることも大切である。

(2) 気持ちを名づけ，落ち着かせる

　子どもの感情は，養育者との相互作用のなかで発達していく。養育者は「うれしいね」といった感情のリフレクション（反射）を行い，泣いている子どもに「痛いね，びっくりしたね」と代弁しつつ，「大丈夫よ」と抱きしめて安心させる。養育者によるコンパッション（思いやり）とコーピング（対処）を内在化していくことで，子どもは自分の不快感情を抱え，対処できるようになる（事例4）。

　虐待やネグレクトがあるとこうしたやりとりがないばかりか，苦痛や不快さを表すと叩かれたり，放置されたりして，かえって危険な状態になってしまう。そのため，子どもの気持ちを代弁し，感情に気づけるように働きかけ，呼吸法や筋弛緩法（ストレッチ）などのリラクセーションを一緒に行うことが役立つ。

> **事例4　子どもと保護者への関わり**
> 　ユタカのトラウマ症状について専門家の助言を受けた園は，大声で制止する

のではなく，静かに声をかけて落ち着かせるようにしました。ユタカが落ち着くためのスペースを設け，イライラしたらお気に入りのぬいぐるみを抱えて，保育士と一緒に呼吸法をします。最初はすぐに飛び出してしまいましたが，保育士が穏やかに「うまくできているよ」「先生もほっとしてきた」と伝え続けることで，ユタカの表情もやわらかくなっていきました。また，ユタカの行動をルール破りと捉えるのではなく，ユタカが困っている状態のサインと考えました。そして暴力を禁じる前に，まずイライラに気づくことを目標にしました。

　ユタカの状態や園の取り組みを両親に説明しながら，家庭を気にかけていると伝え続けると，両親からも子育てや生活の話が増えてきました。園から，飲酒や生活に関する相談先として，保健所や福祉事務所の窓口を紹介しました。

3 節　保育者のメンタルヘルス

1——トラウマに触れることによるストレス

　トラウマについて詳しく聴いたり，暴力や事故の痕跡（体の傷や現場など）を見たりすると，保育者も恐怖や不安，怒りや無力感などを抱く。トラウマの影響とわかっていても，子どもから暴言や暴力，不信のまなざしが向けられることは，苦痛を伴う。虐待やネグレクトの疑いがあれば，迅速な判断が迫られ，しばしば保護者との対立も起こる。子どもを守りたい気持ちと保護者を支える役割の間で葛藤を覚えたり，多機関との協議が負担になることもあるだろう。

　支援の中でトラウマに触れることによるストレスを二次受傷（Stamm, 1999）といい，保育者にもトラウマ反応が表れることがある（事例5）。過覚醒による不眠や情緒不安定，衝撃的な場面がふいに頭に浮かぶフラッシュバックも起こる。また，「自分にはこの仕事が向いていない」と自信がなくなり，休日も気分が切り替わらない。子どもを思うと，自分が楽しむことに罪悪感を覚えたりもする。

事例5　「保育士になるのが夢だったのに…」

　A保育士のクラスに転入することになった子どもは，父親が行方不明で，母親は精神科への入退院を繰り返しており，児童相談所で一時保護されたこともあったようです。A保育士は対応できるか心配でしたが，会ってみると人懐っこく，すぐに「Aせんせい，だいすき」と甘えてきたので安心しました。

　ところが，しばらくしてクラスの子どもたちの作品がこわされたり，持ち物がなくなったりすることが頻発し，その子がやっていたとわかりました。「どうして，そんなことをしたの？」と優しく尋ねると，「あんたなんか，だいっきらい！」と叫び，ほかの保育士に「あのせんせい，いや！」と泣きつきました。子どもの態度の変化に唖然としたＡ保育士は，ショックと悲しみ，そして同僚の前で恥をかかされたように感じて，いたたまれなくなりました。

　頭では「あの子はこれまで大人を信用できない生活をしてきたのだ」と理解していても，その子の顔を見るのが苦痛で，出勤が億劫になりました。休日も仕事のことを考えると心臓が締め付けられる思いがして，気が重くなります。

2──セルフケア

　TIC は，保育者自身へのトラウマの影響を理解することを重視する。トラウマ反応として「考えたくない」という回避や「たいしたことではない」という否認が起こりやすいため，トラウマの影響は過小評価されやすい。しかし，否定的な認知や気分によって，不安や無力感がどんどん強まってしまう。

　ふだんから，職員同士でお互いの心身を気にかけることが大切である。がんばっているように見える状態が過覚醒であったり，無力感の裏返しで「私がやらなければ」と仕事を抱え込んだりしている可能性などに目を向けたい。保育者自身が日常生活や業務の中でリラクセーションスキルを活用し，十分な休養をとり，安定した私生活を送るよう意識することも保育者としての責務である。

3──安全・安心な組織づくり

　子どもの安全や安心のためには，保育者自身が安全に働き，安心して保育を行えることが大切である。しかし，トラウマに関わることで園全体の警戒心や不信感が高まり，心理的防衛による疑心暗鬼や他者非難が起こりやすくなる。

　管理職を始めとする職員全員が，トラウマが組織に及ぼす影響を理解することで，保育場面でのトラウマの再演を防ぐことができる。トラウマは，葛藤を生み出し，つながりを分断するものである。トラウマから組織を守るには，保育者がお互いに支え合い，地域資源とのつながりを強固にすることが欠かせない。

　職員同士が気持ちを伝え合い，思いや考えを共有する。暴力や威圧を用いな

い。自他をねぎらい，お互いを尊重する。これらが理念や価値観として共有され，実践されていることが大切である。保育者のメンタルヘルスを守るだけでなく，それがトラウマを負った子どもや保護者の回復を促す基盤になる。

 研究課題

1. マスメディアの報道から，子どものトラウマになりうる事件や事故，逆境的な環境にはどのようなものがあるか探してみよう。
2. 自分が子どもの頃，日常生活で安全が感じられなかった場面を思い出し，そのときどんな気持ちになったか，大人にどうしてほしかったか考えてみよう。
3. 報道について調べたり，自分の過去を思い出したりすると，どんな気持ちがするだろう。自分自身を落ち着かせる方法を見つけて，やってみましょう。

推薦図書

● 『トラウマインフォームドケア："問題行動"を捉えなおす援助の視点』 野坂祐子 日本評論社
● 『子ども虐待とトラウマケア：再トラウマ化を防ぐトラウマインフォームドケア』 亀岡智美 金剛出版
● 『小児期トラウマがもたらす病：ACE の実態と対策』 ドナ・ジャクソン・ナカザワ 清水由貴子(訳) パンローリング

Column 11

公衆衛生としてのトラウマインフォームドケア

　トラウマインフォームドケア（以下，TIC）は，トラウマ症状に焦点をあてる専門治療とは異なり，本人も含めたあらゆる人がトラウマについて「知識を持って（informed）」対応するアプローチである。

　例えば，風邪の症状や対応は広く知られているだろう。子どもがぼんやりと火照った顔をして，食事も残していたら，大人は「具合が悪そうだ」と気づく。気分や体調を尋ねて，熱を測り，子どもを休ませるはずだ。子ども自身も，咳や鼻水は風邪の症状と知っているので，それを恥じることはない。そして，自宅で療養しても治らなかったり，熱が続いたりしたら，医療機関を受診する。このように，大人が子どもの変化や不調の原因に気づいていれば「ちゃんとしなさい」と叱ることはない。医師でもないのに子どもの状態を「風邪かもしれない」と認識して，適切に対処できるのは，あらゆる人が風邪について「知識を持って」いるからである。これがインフォームドケアである。

　一方，トラウマという言葉は広まっているものの，その症状が正確に知られているとはいいがたい。トラウマの影響によって，過覚醒による落ち着きのなさやフラッシュバックが起きているのに，「ちゃんとしなさい」と叱ってしまうことがあるかもしれない。つらい体験をした子どもに「早く忘れようね」と励ましてしまうこともある。トラウマ症状に対する注意や叱責，あるいは励ましは，子どもの「わかってもらえない」「自分はできない」という不信感や無力感を高めてしまう。こうした不適切な対応は，たとえ善意からやったものであったとしても，さらに子どもを苦しめてしまう再トラウマになりうる。TICは，科学的知見に基づいて「不調には原因がある」と想定し，予防や対処を行う公衆衛生的アプローチである（Bloom & Farragher, 2013；野坂，2019）。トラウマを健康問題と捉え，不適切な対応による再トラウマを防ぐことで，本人の回復力（レジリエンス）を高めていくものである。

　TICは，トラウマを負った本人だけでなく，支援者への影響にも着目する。保育者は，子どもや家庭のトラウマについて詳しく聴いたり，トラウマの再演に巻き込まれたりしやすい立場にある。保育者も自分自身のトラウマを思い出して不安になることもあれば，トラウマ体験がないことで「自分にはわかってあげられないのでは」とうしろめたさを感じることもある。それもまた，トラウマに触れたときに生じる自然な心情であるという「知識を持って」，セルフケアに努めたり，積極的にソーシャルサポートを得ることが大切である。

第12章
子どもの生活・生育環境とその影響

　子どもの発達は，遺伝的素因と環境と双方の影響を受ける。同時に子どもの成長とともに，家族の関係に影響を与えて変化していく。子育てにおける様々な悩みは，昨今の少子化，核家族化の現代の子どもたちが置かれている状況により，身近な人よりインターネットの情報に頼ることも多い。一方で一人ひとりに合わせた子育ての助言は，対面によらない情報では不確かで不十分なこともしばしばある。特に，子どもの精神発達は，家庭環境に大きく影響を受け，家族の心理状態にも影響を及ぼす。この章では，子どもの発達に及ぼす様々な環境を考えながら，どのような支援が適切か，精神保健の側面から考える。また，子どもの生活習慣の形成に生活環境がどのように関係するかを見ながら，家庭への支援とはどのようなものが良いかを考えていく。

1 節 子どもの発達と環境

　子どもの発達には個人差があるものの，胎内受精齢と出生後の月年齢に関連し，障害や慢性疾患を抱えているかどうかにも影響を受ける。

　発達を支配する神経系は，出生直後から情報伝達するシナプスを盛んに形成するが，機能的には未熟な状態で，成長するにつれて必要なシナプスが残存し，不必要なシナプスは除去されるという「シナプスの刈り込み」が認められる。ハッテンロチャー（Huttenlocher et al., 1982）によると，発達に関係する大脳皮質野では，生後8か月まで盛んにシナプスが形成され，その後成長に伴ってシナプス密度が減少し，10歳ごろには半減するという。この過程は，環境に適応するための神経回路が形成すると考えられているが，環境や経験によって，子どもの発達過程が変化することも示している。子どもが環境に適応するためのプロセスは，一人ひとり異なり，精神疾患や神経疾患では，シナプスの刈り込みが十分できなくて，環境に適応できなくなっているとも考えられている。

　一般的に，運動発達は，栄養状態や医療的処置を受けた経験に影響を受けるが，栄養状態や健康状態が安定してから後は，追いついていく傾向があり，時代や環境による違いも少ない。これに対し，精神発達は，環境から受ける影響が大きく，時代による違いも認められる。それぞれの発達と環境の関係について，さらに考えていきたい。

1 ── 運動発達と環境

　一般的な出生は，妊娠40週前後とされ，早産児は妊娠37週未満に出生した新生児のことで，出生体重は2,500g未満の低出生体重児であることが多い。運動発達は，出生時の週数に合わせ，修正月齢で評価する必要があるが，早産であればあるほど，さらには出生後の合併症の有無や発育状態によって，発達の遅れが認められる。特に妊娠28週未満の超早産児では，肺が未熟で人工呼吸器や酸素投与が必要だったり，消化管の発達が未熟で重症の腸炎になったり，網膜の発達が未熟で未熟児網膜症になったり，脳の発達に影響を及ぼし，後遺症を残すこともある。また，栄養状態が極端に悪かったり，安静が必要な疾患に罹患した時には，一時的に運動発達が停滞したり，後退することもあるが，状

態が改善したら，運動発達も追いつく（キャッチアップ）ことが多い。

　運動発達が標準より遅くなっている場合も，継続的に経過を見ていくことが大切で，神経疾患や筋疾患の可能性がないか，医療機関の指導を受けながら，発達の方向に変化しているのであれば，普段の遊びの中に体を動かす意欲を引き出すような働きかけが大切となる。

2——言語発達と環境

　言語発達は，個人差が大きいが，環境による影響が大きく，周囲で使われている言語で母語が決まる。乳幼児は，「シナプスの刈り込み」前は，様々な言語の音の違いを認識することができるが，次第に周囲で使われている言葉に適応するようになり，母語の発音を聞き取ることができるようになって，有意語を話せるようになる。胎児期から母親を中心とした音を聞き取っており，乳児は入眠中であっても，言語とそれ以外の音とを聞き分けている。また，近くで話しかける人の口元を見ることで発語を真似るということも認められている。

　言語はコミュニケーションの手段として用いられ，人と人との関わりの中で身につけていくものなので，乳幼児期にバイリンガルにするために，積極的に外国語の動画などを教材として用いる早期教育を行なっても，人と人との双方向のやりとりがないと身につかない。言語発達遅延の時には，聴覚障害や知的障害，発達障害なども関連するので医療機関の受診が必要のこともあるが，同時に家庭環境についても注意を払い，継続的に見ていく。また，認知発達とも関連し，相手によって，言葉を使い分けるようになる。子どもの緊張などの心理的要因も影響し，家庭ではよく話せるのに，集団や慣れていない人には話せない場面緘黙が見られる子どもや吃音が出る子どももいる。無理に言葉を話させるのではなく，歌や遊びの中に言葉の要素を取り入れながら，言葉を使いたいという意欲を引き出しながら関わりを持っていくことが大切である。

3——社会発達と環境

　社会発達は，周囲の人との関わりによって発達する。最初は特定の人との関係を保ちながら，別の人との関係性を広げて行く。乳児は，相手を固視できるようなると，快不快の感情を読み取ることもできるようになり，相手に合わせ

た働きかけをするようになる。大人との関係だけでなく，子ども同士で一緒に過ごすことで，様々な関係の取り方を経験しながら発達していく。

4——子どもの発達への支援

　子どもの発達は，様々な要因が影響して個人差が大きいものだが，しばしば子ども同士を比較し，親同士の自尊感情に影響しがちである。また，子どもたちのやりとりやいざこざに親が介入し，親同士の関係性にも影響してくることがある。子どもの社会性を育むためには，子どもたちが一緒に過ごす場と時間が必要となってくるが，大人の介入は，できるだけ少なくして見守ることが大切である。保育所や幼稚園などに通っていないその子どもの場合は，子育て広場や園庭開放，一時預かりなど様々な場所の拡充と発達への助言ができる支援者の役割が重要になってくるだろう。

2 節　子どもの発達と生活習慣

　子どもにとって基本的生活習慣は，心身ともに健康に育つためには欠かせないものである。子どもが身につけていく生活習慣は，生理機能の発達と関連するが，周囲からの働きかけによる影響が大きい。日常的生活の基本となる基本的生活習慣は，食事，睡眠，排泄，清潔，衣服の着脱の5つである。さらに，挨拶，片付けなども加えられることもあり，日々の働きかけが大切だが，親の思う通りにならないことで，子育ての悩み事となることもしばしばである。

1——子どもの生理機能の発達と生活習慣

　出生直後の授乳は，探索反射（追いかけ反射），吸啜反射などの反射によるもので，自律授乳が最初からできるわけではない。母乳の出方も個人差が多く，母乳にこだわって母体の休養が保てず，かえって母乳の出方が悪くなり乳児の体重も増えないということもある。また，夜間寝かせようと授乳量を多くして，昼間はよく寝ているのに夜はなかなか寝付いてくれないという昼夜逆転に悩まされることもある。生活リズムは，出生直後から意識的に形成しようすることで確立するものなので，昼間にしっかり授乳して夜間は控えめにする。初めて

の子育てでは，生活リズムの作り方の指導は大切である。その後，5か月過ぎから始まる離乳食では，嚥下，咀嚼機能の発達を見ながら進めていく。食事のタイミングや気分により，なかなか進まないことも多い。離乳食の用意の仕方や与え方の指導も必要である。離乳食が完成した後も，遊び食べやだらだら食べ，偏食など食べ方に関する悩みも多い。時には，集団で食べる機会を作り，離乳食の内容や食べさせ方の具体的な助言も有効である。

　眠りのリズムは昼夜の区別がつくようになってから後も，昼寝の時間，就寝時刻，夜泣きなどの悩みが多い。感覚過敏がある場合は寝かせる環境設定などの工夫も必要となる。寝つきが悪い時にも起床時刻を遅くすると，悪循環に入るので，注意する。眠りのリズムの確立は，食事時間や昼間の活動にも関係してくるので，毎日同じようなスケジュールで過ごすことも大切である。

　排泄では，1歳半頃には尿意や便意がわかるようになり，トイレトレーニングを行うことにより，トイレで排泄することができるようになる。布おむつが主流の時代は，早い時期にトイレトレーニングを開始して自立するのも早かったが，紙おむつが主流となって後，遅くなっている。そのため，自立が遅れることを負担に感じることが少なくなっているが，自立してから後に遺尿症や遺糞症となって，悩むこともある。

　清潔に関しては，入浴を毎日行うようになり，洋服の着替えも行うようになったが，ボタンがついている衣服が少なくなり，ボタンを留めるのに時間がかかったりしている。歯磨きも自立するまでの時期が遅くなっている。

2――子どもの生活習慣と環境

　子どもの生活習慣の身に付け方は，時代や社会とともに変化する。谷田貝（2016）によると，70年間で身に付ける時期が遅くなっているという。特に排泄の処理は，紙おむつが主流になってから，自立するまで1年以上遅くなった。また，睡眠時刻は，大人の夜型の生活に合わせて遅くなっている。10年ごとに行われている幼児の生活アンケートでは，挨拶，排泄の自立がこの10年で遅れていることがわかる（表12-1）。

表12-1　生活習慣に関する発達（子どもの年齢別　経年比較）（ベネッセ教育総合研究所，2016）

(%)

	1歳児		2歳児		3歳児		4歳児		5歳児		6歳児	
	05年	15年	05年	15年	05年	15年	05年	15年	05年	15年	05年	15年
	(660)	(614)	(740)	(583)	(340)	(626)	(312)	(610)	(326)	(671)	(276)	(657)
コップを手で持って飲む	69.5	65.8	98.4	94.8	98.2	96.3	98.1	93.5	97.8	94.0	96.0	92.7
スプーンを使って食べる	64.8	62.3	97.4	95.0	98.2	96.3	98.1	93.5	97.8	94.0	95.7	92.4
家族やまわりの人にあいさつする	45.9 >	35.6	83.5 >	72.6	92.5 >	87.4	93.6 >	87.3	91.8	87.9	91.7	88.0
歯をみがいて，口をすすぐ	14.8 >	9.3	73.3 >	59.1	91.6 >	84.2	95.2 >	88.0	97.5 >	91.6	95.3	91.2
おしっこをする前に知らせる	3.3	4.7	25.2 >	18.4	86.3 >	75.4	97.8 >	90.4	96.9 >	91.9	94.6	90.7
自分でパンツを脱いでおしっこをする	1.2	1.3	17.7	13.0	79.1 >	70.1	98.1 >	90.9	97.3 >	91.9	94.9	90.3
自分でうんちができる	5.6	6.4	24.4 >	18.9	78.8 >	64.4	95.2 >	85.9	96.7 >	90.4	94.6	90.3
ひとりで洋服の着脱ができる	1.4	2.4	18.4 <	23.7	62.0	64.9	92.3	87.5	96.3 >	91.0	93.8	90.7
おはしを使って食事をする	4.5	4.1	32.0	35.2	62.0	58.3	83.7 >	72.1	94.2 >	83.8	93.5	88.9
決まった時間に起床・就寝する	55.6	56.1	62.2	64.4	72.6	68.0	82.4	79.2	85.8 >	77.5	84.4 >	78.2
ひとりで遊んだあとの片付けができる	17.0	16.5	46.8	46.3	64.7	61.7	85.6 >	74.5	88.1 >	80.5	85.1	83.9
オムツをしないで寝る	0.6	1.0	6.3	3.8	45.9 >	35.0	81.1 >	66.0	84.8 >	79.0	90.2 >	83.6

注1）「できる」の％。
注2）満1歳以上の子どもをもつ人のみ回答。
注3）05年，15年調査の結果を比較し，10ポイント以上の差があったものは濃い網掛け，5ポイント以上10ポイント未満の差があったものは薄い網掛けをしてある。
注4）（　）内はサンプル数。
注5）0歳6か月～6歳11か月の年齢層で分析する際のウェイトを用いて集計した。

3──子どもの生活習慣を通じた支援

　生活習慣がなかなか身につかないと，育児ができないと思われるのではないかと自尊感情を傷つけて，なかなか相談に行けなかったりする母親も多い。また，しつけが厳しすぎると，子どもが必要以上にトイレに行く神経性頻尿や緊張すると無意識にまばたきしたりするチックなど心身症になることもある。保育所などで行なっている方法を具体的に助言したり，一時預かりで保護者の負担を軽減して，相談に乗る機会を増やしながら，継続的な支援が大切である。

3 節　様々な生育環境とその支援

　子どもは，自らの生育環境を選ぶことができず，発達に影響する。集団生活にうまく参加できないと自尊感情に影響してその後の発達に影響することもあるだけに，家庭への支援の必要性は高い。様々な生育環境としては，家族環境，居住環境，経済環境，教育環境，健康環境など種々の影響が考えられる。

1——家庭環境

　家庭環境には，家族構成や家族関係の他に，祖父母などの親族と同居か近隣にいるか，遠方か，近隣との関係なども含まれる。子どもの成長とともに変化していくことがある。最近の家族の多様化により，様々な形態が考えられる。

(1) 家族構成

　ひとり親か，また両親がいても単身赴任などで同居していない場合もある。きょうだいの影響が大きく，きょうだいが生まれた時に両親などの関心が本人から移った時には，赤ちゃんがえりが見られたりする。年齢差によっても異なり，双子などの多胎児，年子などで，両親に育児のゆとりがないときには，基本的生活習慣を身につけるのに時間がかかったり，精神的に不安定になることもある。逆に，養育者が多くゆとりがあっても，養育方針が一致していなかったり，過保護になって，子どもがなかなか自立できなくなることもある。

　ひとり親の場合は，経済的な制約を抱えていることも多く，援助者がそばにいないときには，時間的にも精神的も負担を抱えている。福祉サービスを受けるにも，時間的制約から手続きに行けなかったり，子育ての悩みを受けとめきれていないことについての理解が必要である。

(2) 家族関係

　家族関係では，親の精神状態や夫婦関係，職場環境，経済環境，親族との関係，きょうだいの育てやすさなど，様々な要因がある。

　親の精神状態の中でも母親のメンタルヘルスは，妊娠中，出産後，子育て中に大きく変化する。出産前後のホルモン分泌の変化により，急に悲しくなったり，不安になるマタニティーブルーは，通常2〜3週間で収まるが，それ以上続く時には，産後うつのことがある。子育てに自信が持てなくなり，子どもと

向き合うことができなくなるので，早期からの支援が必要となる。

　子育ての方法やしつけの仕方について夫婦間で一致できないと，子どもも混乱し，子育てがさらに難しくなることで，精神的悪循環に入ってしまうこともある。また，子どもに関わることが母親の責任ということで，母親が子育てに没頭しすぎたり，うまくいかなくなったときに落ち込んだりという，母親の孤立化も問題となっている。子育ての満足度の調査では，日本の母親は諸外国と比べ，有意に低くなっており，子育てに困難さを感じる割合は，共働きの母親より専業主婦の比率が高くなっている（柏木，2006）。

（3）親族との関係

　どちらの祖父母と同居しているか，近隣に住んでいるか，あるいは何かの時に子どもを預けることができるのか，逆に子育ての方法に干渉するのかによっても異なる。また，介護や看護が必要な親族がいるか，両親の結婚について，協力的だったかどうかによっても異なる。母親と父親とで抱えている悩みも異なるので，時には，別々に面談する必要もある。

2──住居環境

　住居環境では，住居の場所と住居の構造，近隣との関係が影響する。

　住居の場所は，都心であるか，郊外であるか，過疎地域であるかによっても異なる。都市部では，屋外での活動が減り，ゲームなど1人で時間を過ごすことも多くなりがちである。子どもを預けたり，遊ぶことができる場所が安全で近くにあるかも影響する。

　住居構造では，少子化や核家族が増えたことで，狭い環境で子育てしていることが多い。子どもが泣いたり，部屋の中で走り回ることで，近隣に迷惑をかけないかと感じて，子どもに対して行動制限をしてしまう場合もある。

　近隣との関係が良好かどうか，同年齢の子どもがいる家庭がいるかどうかは大きく影響する。子育てで困った時に，親族の助けがなくても，近隣の支えや温かい見守りがあるだけでも違ってくる。

3──経済・教育・健康環境

　日本の子どもの7人に1人は，相対的貧困と言われている。食事に困るほど

ではないにしても，同年齢の子どもと同じ経験や教育を受けられずにいたりする。親もゆとりがなくなると，子どもに向き合う時間が少なくなる。経済格差は，情報格差，教育格差，健康格差に結びつき格差の連鎖につながりやすい。

　教育では十分学習ができないということがある一方，逆に早期教育に熱心に取り組んで，ゆとりがなくなる場合もある。また，幼少時よりスマホやパソコンに触れる機会が多くなり，ともすると，子どもをおとなしくさせる手段として使われて，コミュニケーションがおろそかになる課題も出てきている。

　アレルギーがあるなどで健康に配慮する必要があるときには，気軽に相談できる場所があるかどうかも支援として必要となる。体調が悪くて保育園にいけないときの病児保育が少ないことで苦労することもある。

4——支援のあり方

　様々な生育環境に応じた支援を行うためには，保育者，教育者，福祉担当，医療機関などの連携が重要になってくる。できれば，同じ担当が成長に応じた支援が行えるようなシステムの構築が必要である。妊娠期から子育て期にわたって切れ目のない支援を実施するために，子育て世代包括支援センター等の地域の支援拠点づくりが進められているが，多様な支援事業の情報にアクセスができるか否かが課題となっている。保育所，幼稚園，小学校に通っている時には，保育者，教育者が関係機関との連携の調整役を担うことも多いが，地域による格差も大きい。また，保育所，幼稚園に通っていない乳幼児や転居した時の連携などが今後の課題である。

 研究課題

1．子どもの発達に関わる要因について考えてみよう。
2．子どもの生活習慣で悩みとなることをあげてみよう。
3．様々な生育環境を想定し，どのような支援が必要か考えてみよう。

推薦図書

●『子どもの心の診療入門』　斎藤万比古（編）　中山書店
●『保育にいかす精神保健』　宮本信也・小野里美帆（編）　建帛社

Column 12

多胎児と環境

　多胎児の子育ては，子どもの人数が多いというだけでなく，低出生体重児や早産児となることが多く，体の発育や発達に悩みを抱えることも多い。双子で生まれる確率は，100人に1人で，そのうち遺伝的に全く同じ一卵性双生児が4割で，残りが二卵性双生児である。三つ子になるとさらに少なく，1万人に1.5人くらいである。

　通常の双子は，同じ家庭で似たような生育環境で育つので，一卵性双生児の場合は，容姿や体格だけでなく性格も似てくる。二卵性双生児の場合は，きょうだいが双子でいるようになり，性格も異なり，生活習慣を身につけさせる過程も違ってくる。周囲に同様の子育てをしている家庭が少なく，孤立感を感じていることも多い。また，2人乗りのベビーカーがあっても公共の場で移動しづらく，乗り物に乗ったり，店に入る時に不便を感じたりと不便を感じて，外出がしづらくなっていることも多い。家族や親戚の協力で乗り切っていることも多いが，公的な支援を行なっている所は限られており，民間のサークルなどで情報収集しているのがほとんどである。

　多胎児の場合，衣服，持ち物などが同時期に必要になることも多く，きょうだいによる使い回しがしづらい。親も公平に対応したくても1対1の対応ができずに悩んだりすることも多い。一方で，多胎児同士の結束は強く，子ども同士で関わりあう成長が見られるが，他の集団になかなかなじめなかったりすることもある。

　支援者も「年子より一度に子育てする方が楽」と励まして，逆に悩みを共有できなくなることもある。同じ様な多胎児を育てている家庭を紹介しながら，多胎児の子育て家庭を孤立させないような工夫が大切である。

第13章
子どもの心の健康に関わる問題

　　子どもの心の健康に関わる問題には，子ども自身に関わることと子どもが置かれている環境と双方を考えていく必要がある。

　　子ども自身に関わるものとして，慢性疾患などを抱えている場合と精神疾患を抱えている場合がある。体の状況が心の健康に関わり，同時に心の健康が身体の健康にも関わってくる。子どもの場合，大人と違って慢性疾患を抱えることは多くないが，慢性疾患などの個別的な配慮が必要な場合，それぞれの疾患の特徴をしっかり抑えてきめ細かな配慮をしていく必要がある。また心の問題を抱えていても本人が意識化することができず，身体症状で訴えてくることもしばしばある。

　　子どもがおかれている環境としては，成長とともに変化していく家族や社会の状況がある。自ら育つ環境を選ぶことができない子どもにとって，心の健康に大きく影響する。子どもだけでなく，家庭への支援では，心理，福祉，保育，教育，医療など様々な分野の協力が欠かせない。

1節 個別的な配慮が必要な子どもの心の健康

　様々な障害や慢性疾患を抱えて，集団生活の中でも個別的な配慮が必要な子どもへの対応が求められるようになっている。そうした子どもたちは，集団生活で皆と同じ行動をとりづらかったり，休みがちになったり，治療の副作用による症状を理解してもらえなかったりと様々なストレスにより，自尊感情を傷つけられて心の健康を保てなくなることがある。また，検査や治療のために辛い処置や日常生活での制限など通常の子どもでは経験しない我慢を強いられる体験をしていることも多い。障害がある場合は加配の保育士が配置され，集団生活を行うことが多いが，慢性疾患などを抱えている場合は，加配の職員がいない状態で通常保育の中で個別的な配慮をしなければならないことも多い。

　慢性疾患児の精神的発達へ影響する要因としては，病気そのものによる影響，病気に対する治療の影響，入院・通院による影響，病気が発症したときに家族関係が変化する影響，病気に対する周囲の反応による影響など様々ある。

　また，病気の診断，治療について子どもの場合，両親に説明して子どもへの説明が不十分なときには，検査や治療に対して拒否的になったり，病気になったことに罪悪感を感じたりして，自分の気持ちを表現できなくなってしまうこともある。

　そこで，子どもの心の健康について，疾患ごとに考える。

1——アレルギー疾患児

　非自己を排除して自己を守る免疫反応の一種で，生体に不利な反応を起こす場合をアレルギーという。子どもに多いアレルギー疾患としては，食物アレルギー，アトピー性皮膚炎，気管支喘息，花粉症などがある。乳幼児の食物アレルギーの原因となる食物は，鶏卵，乳製品，小麦が多く，代替栄養となる食品を摂取する必要がある。集団生活では誤食とならないように，食器を区別したり，座席位置を変えたりなどの配慮が必要だが，皆と同じものを食べられないストレスを抱えることも多い。食物アレルギーは，年齢があがると食べられるようになることが多いが，幼少時の食べ物制限を引きずってしまうこともある。

　アトピー性皮膚炎では，食物のほか，動物，ダニ，ハウスダストなどが症状

の原因となるアレルゲンになり，皮膚を掻き壊すことで悪化し，皮膚感染症にもなりやすい。皮膚が痒くなることで，落ち着きがなくなることも多い。皮膚を掻かないように注意を繰り返されるストレスや外見を気にすることもある。

　気管支喘息では，ハウスダスト，ダニが主なアレルゲンで，運動や寒暖差，感染症や疲労で悪化することが多い。精神的なストレスで呼吸が急に苦しくなる発作が起こることもある。発作がいつ起こるかわからないという不安もあり，幼少時では，咳き込んで吐いたり，泣いてしまってさらに呼吸が苦しくなることもある。発作が起きていないときに，予防薬を継続的に使用していることや発作が起きたときの対応薬を手元に持っていることも必要である。

　アレルギー疾患の症状の重さは，一人ひとり違っており，重い症状を起こしたことがあるときには，再度起こさないかという不安を抱えているため，保護者が神経質に行動を制限してしまうこともある。症状とその対処法を正しく知っていることにより，日常生活を安心して行えるよう支援する。

2——心疾患児

　子どもの場合，先天性のことが多く，経過観察のみで，日常生活にまったく制限がないものから，心不全や酸素が足りなくなるチアノーゼ発作を起こして，運動や水分摂取に制限があるものまで様々である。年長児で運動制限がある場合は，主治医より生活指導管理表を提出してもらう。乳幼児では，寒暖差で体調が悪くなることがあるので，環境に配慮する。感染症に罹ると心機能に負担がかかることがあるので，早めに予防接種を行い，感染症が流行したら情報を伝えて集団生活を控えるようにする。手術が必要な心疾患では，入退院を繰り返して通院したり，服薬しなければならなかったりで，家族の精神的負担も大きい。心疾患の場合，心不全が重症だったり，チアノーゼ発作を何回か起こすと，知的発達に影響することもあるが，その他の場合は，精神発達は問題ない。運動発達は，発育が遅れている場合は遅れることがあるが，発育の回復とともに追いついていく。手術後，心不全やチアノーゼが改善しても身長の発育に合わせた活動の設定が必要となる。

　他の子どもたちと同じような活動ができないことや症状が急に悪くなったりしないかの心理的ストレスがあることを理解して支援する。

3——腎疾患児

　子どもの慢性腎疾患として多いものは，尿所見の異常が1年異常続く慢性腎炎，尿中に血清蛋白が大量に漏れるネフローゼ症候群などがある。

　慢性腎炎の場合，根本的治療法がないことが多く，腎機能が悪化してきたときには，運動制限や食事制限が必要になる。さらに悪化したときには，日常生活が制限される透析療法に移行しなければならないので，将来への不安も大きい。

　ネフローゼ症候群の場合，子どもでは免疫抑制剤で改善することも多いが，ステロイド剤を長期に渡って服用すると，満月様顔貌や中心性肥満などで外見が変化してストレスを抱えることも多い。ステロイド剤の副作用として躁状態や抑鬱状態になって，不眠となることもある。回復して薬が必要でなくなれば，外見も精神状態も元に戻るが，周囲の子どもたちへの理解の指導も大切である。また子どもの場合，安静にすることもなかなか難しく，病気への理解とベッドサイドで過ごせる遊びの工夫なども必要である。

4——糖尿病児

　糖尿病は，食事によって血中に増える血糖を下げる作用のあるインスリンが欠如することや，血糖値に対しインスリンの作用が不足していることで，高血糖が持続する状態である。インスリンの分泌が低下する場合を1型糖尿病，血糖値を下げるのに十分なインスリンの分泌や効果が足りない場合を2型糖尿病という。子どもに発症する糖尿病は，1型糖尿病が多く生活習慣と関連しないが，成人に多い2型糖尿病の認識の影響で，生活習慣と関連していると誤解されることもある。インスリン療法を行っているときには，低血糖になって体調が悪くなることもあり，その予防のために甘いものを摂取しなければならないが，周囲の無理解で苦しむことがないように，他の子どもたちへの適切な説明が大切である。また，1型糖尿病は一度発症するとその後インスリン療法を続ける必要があり，そのため常に血糖値に注意を払いながら，食事をしなければならず，思春期頃になると将来への不安も強くなる。同じ疾患で治療している子どもたちとの交流によるピアサポートも必要になってくる。

5 ——神経疾患児

　子どもの神経疾患の中でも，体を思うように動かせない運動障害と，発作的に痙攣が起きてしまうてんかんがある。運動障害として最も多いのは，出産時の合併症による脳性麻痺や脳炎や髄膜炎の後遺症である。子どもの場合，麻痺のない部位の発達により運動発達もしていくが，同時に補装具や車椅子などを適切に用いることにより，行動範囲を広げていき，同世代の子どもたちと交流する機会を作っていくことも精神発達を促すためには必要である。

　てんかんの場合，抗てんかん薬でコントロールできていれば，通常の生活を行える。難治性の場合は，痙攣時に事故を起こさないような配慮が必要となるとともに，痙攣を起こしていることを周囲の子どもが見たときにびっくりしないように対応方法などを伝えておく。

6 ——小児がん

　小児がんは，数としては多くないものの小児の死因として1歳児以上では第1位であり，命に直接関わるだけでなく治療による後遺症も残ることがある。最も多い白血病では，子どもの場合，急性のことが多く，発熱，貧血，出血傾向，関節痛などで気がつかれること多い。診断をされたら，すぐに入院して治療を開始しなければならず，本人だけでなく家族の負担も大きい。医療の進歩により，子どもの白血病は，大人より治癒率は高く，抗がん剤の治療だけで8割以上が治癒するが，通常の集団生活に戻るまで，感染症に対する配慮や治療と入院生活によって運動能力の回復に時間を必要とする。難治性の白血病の場合は，骨髄移植を行うこともある。骨髄移植を行うときには，白血球の型のHLAのタイプが合わなければならず，きょうだいでは4分の1の確率で一致することで，しばしばきょうだいが骨髄提供者のドナーとなることがある。骨髄バンクのドナーのような自発的な提供者ではなく，親から求められて提供することも多いので，きょうだいの気持ちを聞き取っておくことも大切である。きょうだいを含めて家族全体の協力が必要となって，家族の結束が高まることもあるが，もともと疎遠だった家族が分離してしまう場合もある。それだけに，家族全体の関係にも気を配る必要がある。

子どもは，今まで経験したことがないような状態になったとき，自分が悪いことをしたからと思っていたり，親を悲しませないようにするために，治療に協力したりする。様々な思いを丁寧に聞き取って精神的なサポートも治療のためには必要である。また，小児がんの病名告知は最近，本人にもされるようになってきたが，両親の同意がないとできない。年長児では病名を偶然知ってしまったときにそのことを家族に知らせないこともしばしばある。それだけに，最初の時期から丁寧に気持ちを汲み取りながら，話を聞く機会が必要である。

7 ——血液疾患

先天的に凝固因子が欠乏している血友病では，凝固因子を定期的に静注で補充すれば通常の運動も行うことができるが，幼児では，日常的な怪我や歯の生え変わり，鼻血など出血の機会が多いので頻回に補充が必要となる。血友病は主にX連鎖劣性遺伝で，母親が保因者となってほとんど男性に発症する。そのため，母親はより自責的になりがちである。

子どもの血小板減少性紫斑病は，転倒による頭蓋内出血に注意をする。乳幼児は活動中に転倒することもあるので，活動制限が続くストレスがある。

8 ——低出生体重児

2,500g 未満の低出生体重児は，37週未満の早産であることが多いが，運動発達は，発育に合わせて発達してくる。本来の出生予定日にあわせて修正月齢として評価する必要があるが，1,000g 未満の超低出生体重児の場合は（表13-1）のように，修正月齢にしても遅くなる傾向がある。これは，超低出生体重児では，呼吸器障害，哺乳障害などの合併症を伴うことが多いこととも関連する。

低出生体重児は，図13-1のように，退院直後は哺乳などにも時間がかかり，保護者は大変と感じることが多いが，年齢があがるに従い，通常の子どもと変わらなくなる。発達に関する悩みをもつことも多いが，合併症がなければ，追いついていくことが多い。同年齢の子どもと比較するのではなく，一人ひとりの発達に合わせた対応が大切である。

表13-1　低出生体重児の運動発達指標の獲得時期：出生体重別の運動機能獲得の90パーセント通過月齢（河野ら，2005）

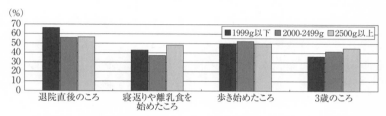

出生体重	一人座り		つかまり立ち		一人歩き	
	暦月齢 （か月）	修正月齢 （か月）	暦月齢 （か月）	修正月齢 （か月）	暦月齢 （か月）	修正月齢 （か月）
1000g 未満	12.9	10	14.6	12.1	19.6	16.5
1000～1499g	11.4	9	13.4	10.9	17.3	15.3
1500～1999g	10	8.4	12.5	11.1	16.2	14.9
正期産児 （厚生労働省調査）	8.4		10		14.6	

図13-1　出生体重別　単胎児の子育てについて「とても大変」「やや大変」と回答した割合（小さく生まれた赤ちゃんへの保健指導のあり方に関する調査研究会，2019）

9──発達障害で慢性疾患を抱えたとき

　子どもが病気のために行う検査や治療の理解が不十分なときに，泣き叫んだりパニックになったりすることがあるが，環境の変化に適応するのに時間がかかる自閉症スペクトラム障害ではその傾向が強い。本人が理解できるような方法で不安を減らすようにして行なっていく。パニックになったときには，落ち着ける場所と時間を確保してから行うようにするなどの工夫も必要である。

 節　個別的な配慮が必要な子どもの家族の心の健康

1──保護者の心の健康

　子どもに障害のあることがわかった時の心理過程として，ドロター（Drotar

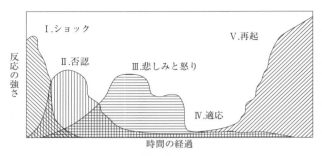

図13-2　障害のある子どもを受容する心理経過（Drotar et al., 1975）

et al., 1975）の図13-2のような経過で説明されることが多いが，重い疾患が診断されたときにも同様の経過をとることも多い。実際の時間軸は，疾患の重さや治療方法，家族関係にも影響される。小児がんなど命に関わる疾患の場合は，治療を急いで行わなければならないことも多く，状況の変化に心が追いついていかないこともある。また，痛みや副作用のある検査や治療を立て続けに行わなければならないときに，保護者が医療者と同じように治療を求めてしまいがちになって，ときに，子どもの気持ちに寄り添えなくなることもある。特に命に関わる病気のときには，保護者自身の不安から心のゆとりを持てなくなるだけに，保護者の気持ちを受け止める場をできるだけ設定する。

　また，子どもの入院や通院による家族の負担は，それまでと同じような仕事の継続ができなくなったり，きょうだいの養育をどうするか考えなければならなかったりと多岐に渡る。保護者もうつ状態になってしまうこともあり，具体的な解決方法を一緒に考える保護者へのピアサポートも大切である。

2 ── きょうだいの心の健康

　慢性疾患児のきょうだいは，病気が重ければ重いほど，保護者が病気の子どもに注意が集中しがちである。きょうだいは，自分の気持ちを伝えず，親に迷惑がかからないように「いい子」でいるようにしていることもある。状況が飲み込めないことで，逆に「手がかかる子」を装うこともある。できるだけ楽しい体験を共有しながら，本人の気持ちを汲み取るようにしたい。

3節 保育者と関係機関と家庭の連携

1——保育者と医療機関

　集団生活での注意点などは，保護者と面談しながら，同意のもとに医療機関からの情報提供をお願いする。乳児の場合は，離乳食の進め方，感染症や体調が変化した時の対応の仕方などが必要になることが多い。幼児になると，他児との関わり方や言葉の発達，活動範囲の広げ方なども加わってくる。

2——家庭と関係機関

　慢性疾患の子どもの親は，適切な情報が得られずに不安を抱えていることも多い。慢性疾患の子どもの親は，適切な情報が得られずに不安を抱えていることも多い。医療相談室に相談する方法もあるが，数が少ない疾患の場合は，将来にかけて不安を抱いていることも多いので，同様の疾患を抱えている患者家族会などにつながると情報が得られることもある。経済的な支援については，医療費は様々な公的援助があるが，他にも通院や面会にかかる時間や費用，医療費に含まれない備品費用，きょうだいの保育，家族の介護などの福祉相談も必要となる。小学校に進学する時には，特別支援学校にするか，通常学級にするか，特別支援学級にするかなど，入院していている時には，院内学級に転籍するか，しないかについての教育相談も大切である。

 研究課題

1. 慢性疾患を抱えた子どもが集団生活で困ることを考えてみよう。
2. 個別に配慮しなければならない子どもの家族を支援するときに必要なことは何か考えてみよう。
3. 子どもの心と体の症状で関連する可能性のあることをあげてみよう。

 推薦図書

●『病気を抱えた子どもと家族の心のケア』　奥山眞紀子（編）　日本小児医事出版社

Column 13

慢性疾患児とマルトリートメント

　慢性疾患児では，治療が長期に渡ったり，治療の決め手がないときに，将来を悲観して医療機関を受診しない場合や本来の治療ではない民間療法に走って，病気を悪化させることがある。副作用が大きい治療を行っても回復が十分でなかったり，再発した場合に治療を受けない場合は，医療倫理の問題になるが，医療ネグレクトと言えるかどうかは難しい。明らかに効果のある治療を受けさせなかったり，症状が悪くなっているのに医療機関を受診しない場合は，医療ネグレクトと言えるだろうが，子どもの病気を受け止めきれない時には，両親は，客観的な判断ができなくなることもある。さらに命に関わるような手術や副作用や侵襲の大きい治療が必要な場合は，保護者もなかなか同意できないこともある。こうしたときに，セカンドオピニオンを気軽に受けられるシステムや家族の気持ちに寄り添うカウンセラーなどが立ち会うことができるようになるかは今後の課題である。両親の不安が子どもの心の健康に大きく影響するだけにマルトリートメントになる前の対応が必要だろう。

　また，知的障害などがある子どもの場合は，侵襲のある治療になかなか同意できないということもある。乳児などでは，障害を抱えた子どもたちがどのように育っていくか見通せないと家族の心の負担を理解したサポートにならない。

　通常の子どものマルトリートメントでは，腹痛，頭痛などの身体症状を訴えることが多いが，慢性疾患の場合は，病気や治療によるものかそれ以外の原因によるものかの鑑別も必要になってくる。

　重い病気や障害を子どもが抱えた時，親はその子どもの看病に集中して，きょうだいの心の問題に気が付かないことや生活習慣などを厳しく叱責するマルトリートメントが見られることもある。特に，看病を担うのが母親などに偏っている場合は，母親の被害的意識が高くなってしまうことがある。家族関係を理解して全体を支援することが必要となってくる。

引用（参考）文献

■第1章 ─────────────────────────────────

Baillargeon, R. & Graber, M. 1987 Where's the rabbit? 5.5-month-old infants' representation of the height of a hidden object. *Cognitive Development*, **2**, 375-392.

小林春美　1999　語彙の獲得　小林春美・佐々木正人（編）子どもたちの言語獲得　大修館書店　Pp.85-109.

厚生労働省　2010　乳幼児身体発育調査　結果の概要　平成22年

中野茂　2013　言語の発達　河合優年・中野茂（編著）保育の心理学　ミネルヴァ書房　Pp.77-94.

Piaget, J. & Inhelder, B. 1956 *The child's conception of space*. London: Routledge & Kagan Paul.

外山紀子・中島伸子　2013　乳幼児は世界をどう理解しているか―実験で読みとく赤ちゃんと幼児の心　新曜社　Pp.157-197.

Vauclair, J. 2004 *Développement du Jeune enfant.: Motricité, Perception,Cognition*. Paris: Éditions Belin.　明和政子（監訳）鈴木光太郎（訳）2012　乳幼児の発達　運動・知覚・認知　新曜社　Pp.231-253.

【参考文献】

遠藤利彦　2017　赤ちゃんの発達とアタッチメント　乳児保育で大切にしたいこと　ひとなる書房

遠藤利彦・佐久間路子・徳田治子・野田淳子　2011　乳幼児のこころ　子育て・子育ちの発達心理学　有斐閣

開一夫・齋藤慈子（編）2018　ベーシック発達心理学　東京大学出版会

河原紀子（監修・執筆）港区保育を学ぶ会（執筆）0歳～6歳　子どもの発達と保育の本　2011　学研

日本幼児体育学会　2007　幼児体育―理論と実践―〔初級〕第4版　大学教育出版

岡本夏木　1982　子どもとことば　岩波書店

● Column1

Heckman, J. 2013 *Giving Kids a Fair Chance*. Massachusetts Institute of Technology.　古草秀子（訳）2015　幼児教育の経済学　東洋経済新報社

経済協力開発機構（OECD）（編著）ベネッセ教育総合研究所（企画・制作）無藤隆・秋田喜代美（監訳）2018　社会情動的スキル　学びに向かう力　明石書店

■第2章 ─────────────────────────────────

有光興記・藤澤文　2015　モラルの心理学―理論・研究・道徳教育の実践―　北大路書房

Buon, M. 2017 Moral Development. Hopkins, B., Geangu, E., & Linkenauger, S. (Eds.) *The Cambridge Encyclopedia of Child Development 2nd Edition*. Cambridge: Cambridge University Press. Pp.431-440.

遠藤利彦　2020　「非認知」の中核なる感情―それが発達にもたらすもの　発達163　ミネルヴァ書房　Pp.2-8.

Erikson, E. H. 1982 *The life cycle completed: A review*. New York: W. W. Norton & Company.

Erikson, E. H. & Erikson, J. M. 1989 *The Life Cycle Completed* (Extended Version). New York: W.W. Norton & Company.　村瀬孝雄・近藤邦夫（訳）2001 ライフサイクル，その完結（増補版）みすず書房

藤本浩一・金綱知征・榊原久直　2019　読んでわかる児童心理学　サイエンス社　p.91

藤村宣之　2011　児童期　無藤隆・子安増生（編）発達心理学Ⅰ　東京大学出版会　Pp.299-338.

Haidt, J. 2001 The emotional dog and its rational tail: A social intuitionist approach to moral judgment. *Psychological Review*, vol. **108**(4), 814-834.

波多野誼余夫・稲垣佳世子　1981　無気力の心理学　中央公論新社

林創　2002　児童期における再帰的な心的状態の理解　教育心理学研究，50，43-53.

林創　2011　子どもの道徳判断の発達をどうとらえるか　発達127，ミネルヴァ書房　Pp.18-25.

林創　2013　発達理論と保育・教育実践　清水益治・森敏昭（編著）0歳～12歳児の発達と学び―保幼小の連携と接続に向けて―　北大路書房　Pp.13-23.

林創　2018　児童期以降の社会的認知　日本発達心理学会（編）尾崎康子・森口佑介（責任編集）発達科学ハンドブック9　社会的認知の発達科学　新曜社　Pp.192-203.

平野麻衣子　2016　社会情動的スキルの育成に関する考察．青山学院大学教育学会紀要「教育研究」，60，79-92.

Hughes, C. 2016 Theory of mind grows up: Reflections in new research on theory of mind in middle childhood and adolescence. *Journal of Experimental Child Psychology*, **149**, 1-5.

木下光二　2019　遊びと学びをつなぐこれからの保幼小接続カリキュラム：事例でわかるアプローチ＆スタートカリキュラム　チャイルド本社

松井智子　2013　子どものうそ，大人の皮肉―ことばのオモテとウラがわかるには　岩波書店
丸野俊一　2008　対話の視点から捉えた書くときの推敲課題　人口知能学会誌，**23**（1），33-42.
溝川藍　2013　幼児期・児童期の感情表出の調整と他者の心の理解：対人コミュニケーションの基礎の発達　ナカニシヤ出版
文部科学省国立教育政策研究所教育課程研究センター（編著）　2018　発達や学びをつなぐスタートカリキュラム：スタートカリキュラム導入・実践の手引き　学事出版
永野重史　2000　発達と学習―どう違うのか―　放送大学教育振興会
日本道徳性心理学研究会（編著）　1992　道徳性心理学：道徳教育のための心理学　北大路書房
西野泰代・原田恵理子・若本純子（編著）　2018　情報モラル教育　知っておきたい子どものネットコミュニケーションとトラブル予防　金子書房
OECD 2015 *Skills for social progress: The power of social and emotional skills.* OECD Publishing.　経済協力開発機構（OECD）（編著）・無藤隆・秋田喜代美（監訳）・荒牧美佐子・都村聞人・木村治生・高岡純子・真田美恵子・持田聖子（訳）　2018　社会情動的スキル―学びに向かう力　明石書店
岡本夏木　1985　ことばと発達　岩波新書
Osterhaus, C., Koerber, S., & Sodian, B. 2016 Scaling of Advanced Theory-of-Mind Tasks. *Child Development*, **87**（6），1971-1991.
Perner, J., & Wimmer, H. 1985 "John thinks that Mary thinks that…": Attribution of second-order beliefs by 5- to 10-year-old children. *Journal of Experimental Child Psychology*, **39**, 437-471
Piaget, J. 1932 The moral Judgment of the child. New York: Free Press.
Saarni, C. 1979 Children's understanding of display rules for expressive behavior. *Developmental Psychology*, **15**, 424-429
佐久間（保﨑）路子・遠藤利彦・無藤隆　2000　幼児期・児童期における自己理解の発達：内容的側面と評価的側面に着目して　発達心理学研究，**11**（3），176-187.
三宮真智子　2017　誤解の心理学　コミュニケーションのメタ認知　ナカニシヤ出版
汐見稔幸　2013　本当は怖い小学一年生　ポプラ社
利根川明子　2016　教室における児童の感情表出と学級適応感の関連　教育心理学研究，**64**，569-582.
内田伸子　1999　発達心理学―ことばの獲得と教育　岩波書店
Webb, J. T., Amend, E. R., Beljan, P., Webb, N. E., Kuzujanakis, M. D., Olenchak, F. R., & Goerss, J. 2016 *Misdiagnosis and Dual Diagnoses of Gifted Children and Adults: ADHD, Bipolar, OCD, Asperger's, Depression, and Other Disorders (2nd edition).* Great Potential Press, Inc.　角谷詩織・榊原洋一（監訳）　2019　ギフティッド　その誤診と重複診断―心理・医療・教育の現場から―　北大路書房
やまだようこ　1995　生涯発達をとらえるモデル　無藤隆・やまだようこ（責任編集）　講座　生涯発達心理学　第1巻　生涯発達心理学とは何か―理論と方法金子書房　Pp.57-92.

【参考文献】
藤本浩一・金綱知征・榊原久直　2019　読んでわかる児童心理学　サイエンス社
速水敏彦　2019　内発的動機づけと自律的動機づけ　動機づけの神話を問い直す　金子書房
Kohlberg, L. 1969 *Stage and sequence: The cognitive-developmental approach to socialization.* Rand McNally.　永野重史（監訳）　1987　道徳性の形成―認知発達のアプローチ―　新曜社
日本心理学会（監修）箱田裕司・遠藤利彦（編）　2015　本当のかしこさとは何か―感情知性（EI）を育む心理学　誠信書房
Piaget, J. 1948 *La naissane de l'intelligence chez l'enfant. 2e ed.*　谷村覚・浜田寿美男　1978　知能の誕生　ミネルヴァ書房
下山晴彦・佐藤隆夫・本郷一夫（監修）・林創（編著）　2019　公認心理師スタンダードテキストシリーズ⑫発達心理学　ミネルヴァ書房
渡辺弥生・西野泰代（編著）　2020　ひと目でわかる発達　誕生から高齢期までの生涯発達心理学　福村出版
Wimmer, H. & Perner, J. 1983 Beliefs about beliefs: Representation and constraining function of wrong beliefs in young children's understanding of deception. *Cognition*, **13**, 103-128.

● Column2
芝﨑美和　2020　コラム　発達と教育①　幼児と小学生　渡辺弥生・西野泰代（編著）　ひと目でわかる発達

誕生から高齢期までの生涯発達心理学　福村出版　Pp.103-104.

■第3章
Burnetta, S., Baultc, N., Coricellic, G., & Blakemorea, S-J.　2010 Adolescents' heightened risk-seeking in a probabilistic gambling task. *Cognitive Development*, 25, 183-196.

Chein, J., Albert, O'Brien, L., Uckert, K., & Steinberg, L. 2011 Peers increase adolescent risk taking by enhancing activity in the brain's reward circuitry. *Developmental Science*, 14, F1-F10.

Erikson, E.H. & Erikson, J.M.　1998　*The life cycle completed*. New York:W. W. Norton & Co Inc. 村瀬孝雄・近藤邦夫（訳）　2001　ライフサイクル，その完結〈増補版〉　みすず書房

Ge, X., Conger, R. D., & Elder, G. H., Jr. 2001 Pubertal transition, stressful life events, and the emergence of gender differences in adolescent depressive symptoms. *Developmental Psychology*, 37（3）, 404-417.

池田幸恭　2017　青年期の親子関係　高坂康雅・池田幸恭・三好昭子（編）　レクチャー青年心理学―学んで欲しい・教えてほしい青年心理学の15のテーマ―　風間書房　Pp.79-94.

石川茜恵　2017　認知と感情の発達　高坂康雅・池田幸恭・三好昭子（編）　レクチャー青年心理学―学んで欲しい・教えてほしい青年心理学の15のテーマ―　風間書房　Pp.29-45.

Jessor, R. 1998 New perspectivess on Adolescent Risk Behavior. In R. Jessor（Ed.）. *New perspectives on adolescent risk behavior*. Cambridge UK: Cambridge University Press. Pp.1-10

加藤弘通・太田正義・松下真実子・三井由里　2018　思春期になぜ自尊感情が下がるのか？　青年心理学研究，30．25-40.

高坂康雅　2011　恋人を欲しいと思わない青年の心理的特徴の検討　青年心理学研究　23．147-158.

Marcia, J. E. 1966 Development and validation of ego identity status. *Journal of Personality and Social Psychology*, 3, 551-558.

Markus, H. R. & Kitayama, S. 1991 Culture and the self: Implications for cognition, emotion, and motivation. *Psychological Review*, 98, 224-253.

松井豊　1990　友人関係の機能　斎藤耕二・菊池章夫（編著）　社会化の心理学ハンドブック―人間形成と社会と文化―　川島書店　Pp.98-143.

森口佑介　2019　自分をコントロールする力 非認知スキルの心理学　講談社現代新書

内閣府　2015　平成27年度版 子ども・若者白書（全体版）
　　https://www8.cao.go.jp/youth/whitepaper/h27honpen/index.html（2020年12月21日閲覧）

内閣府　2019　令和元年版　子供・若者白書（全体版）
　　https://www8.cao.go.jp/youth/whitepaper/r01honpen/index.html（2020年12月21日閲覧）

中間玲子（編）　2016　自尊感情の心理学：理解を深める「取扱説明書」　金子書房

日本性教育協会（編）　2019　「若者の性」白書―第8回青少年の性行動全国調査報告　小学館

岡田努　2010　青年期の友人関係と自己―現代青年の友人認知と自己の発達―　世界思想社

小塩真司・岡田涼・茂垣まどか・並川努・脇田貴文　2014　自尊感情平均値に及ぼす年齢と調査年の影響―Rosenbergの自尊感情尺度日本語版のメタ分析―　教育心理学研究，62．273-282.

Santrock, J. W.　2012　*Adolescence*（14th ed.）.　McGraw-Hill.

白井利明　2013　青年期　無藤隆・子安増生　発達心理学Ⅱ　東京大学出版会　Pp.1-40.

高橋征仁　2013　欲望の時代からリスクの時代へ―性の自己決定をめぐるパラドクス　日本性教育協会（編）「若者の性」白書―第7回青少年の性行動全国調査報告　小学館　Pp.43-61.

● Column3
国立社会保障・人口問題研究所　2015　第15回出生動向基本調査（結婚と出産に関する全国調査）
　　http://www.ipss.go.jp/ps-doukou/j/doukou15/doukou15_gaiyo.asp（2020年12月23日閲覧）

高坂康雅　2010　大学生及びその恋人のアイデンティティと"恋愛関係の影響"との関連　発達心理学研究，21．182-191.

高坂康雅　2013　青年期における"恋人を欲しいと思わない"理由と自我発達との関連　発達心理学研究，24．284-294.

高坂康雅　2016　恋愛心理学特論―恋愛する青年／しない青年の読み解き方　福村出版

神薗紀幸・黒川正流・坂田桐子　1996　青年の恋愛関係と自己概念及び精神的健康の関連　広島大学総合科学部

紀要 4 理系編，**22**，93-104.

■第4章

Ang, S. & Malhotra, R. 2016 Association of received social support with depressive symptoms among older males and females in Singapore: Is personal mastery an inconsistent mediator? *Social Science & Medicine*, **153**, 165-173.

Baltes, P. B. & Smith, J. 2003 New frontiers in the future of aging: From successful aging of the young old to the dilemmas of the fourth age. *Gerontology*, **49**, 123-135.

Erikson, E. H. & Erikson, J. M. 1998 *The life cycle completed*. New York:W. W. Norton & Co Inc.

藤田綾子　2007　超高齢社会は高齢者が支える　大阪大学出版会

Horn, J. L. & Cattell, R. B. 1967 Age differences in fluid and crystalized intelligence. *Acta Psychologica*, **26**, 107-129.

Kahn, R. L. & Antonucci, T. C. 1980 Convoys over the life course: Attachment, roles, and social support. *Life- Span Development and Behavior*, **3**, 253-286.

松岡弥玲　2006　理想自己の生涯発達─変化の意味と調節過程を捉える─　教育心理学研究，**54**，45-54.

岡本祐子　1985　中年期の自我同一性に関する研究　教育心理学研究，**33**，295-306.

岡本祐子　1997　中年からのアイデンティティ発達の心理学─成人期・老年期の心の発達と共に生きることの意味─　ナカニシヤ出版

苧阪満里子　2009　高齢者のワーキングメモリとその脳内機構　心理学評論，**52**，276-286.

Raup, J. & Myers, J. E. 1989 The empty nest syndrome: Myth or reality? *Journal of Counseling and Development*, **68**, 180-183.

Schein, E. H. 1990 *Career anchors: Discovering your real values*. San Francisco, California: Jossey-Bass/Pfeiffer.

下仲順子・中里克治　2007　成人期から高齢期に至る創造性の発達的特徴とその関連要因　教育心理学研究，**55**，231-243.

Super, D. E. 1980 A life-span, life-space approach to career development. *Journal of Vocational Behavior*, **13**, 282-298.

Tornstam, L. 1989 Gero-transcendence: A reformulation of the disengagement theory. *Aging: Clinical and Experimental Research*, **1**, 55-63.

【参考文献】

岡本祐子　1986　成人期における自我同一性ステイタスの発達経路の分析　教育心理学研究，**34**，352-358.

● Column4

Amer, T., Campbell, K. L., & Hasher, L. 2016 Cognitive control as a "Double-Edged Sword." *Trends in Cognitive Sciences*, **20** (12), 905-915.

■第5章

平木典子・中釜洋子　2006　家族の心理　家族への理解を深めるために　サイエンス社

柏木惠子　2003　家族心理学　社会変動・発達・ジェンダーの視点　東京大学出版会

厚生労働省　2018　我が国の人口動態

厚生労働省　2020　2019年国民生活基礎調査の概況

　　https://www.mhlw.go.jp/toukei/saikin/hw/k-tyosa/k-tyosa19/index.html（2020年11月27日閲覧）

森岡清美・望月嵩　1997　新しい家族社会学　培風館

Persons, T. 1964 *Social Structure and Personality*.　武田良三（監訳）1985　社会構造とパーソナリティ　新泉社

上野千鶴子　1994　近代家族の成立と終焉　岩波書店

【参考文献】

平木典子　1998　家族との心理臨床　垣内出版

長津美代子・小澤千穂子（編）　2014　新しい家族関係学　建帛社

中釜洋子　2001　いま家族援助が求められる時　垣内出版

中釜洋子　2001　家族の発達　下山晴彦・丹野義彦（編）　発達臨床心理学（口座家族心理学5）　東京大学出版会

中釜洋子・野末武義・布柴靖枝・無藤清子　2008　家族心理学　家族システムの発達と臨床的援助　有斐閣
日本家族研究・家族療法学会（編）2013　家族療法テキストブック　金剛出版
落合恵美子　2004　21世紀家族へ—家族の戦後体制の見方・超えかた　有斐閣

● Column5
SAJ・野沢慎司（編）　2018　ステップファミリーのきほんをまなぶ　離婚・再婚と子どもたち　金剛出版

■第6章
安藤智子・福丸由佳・無藤隆　2014　父親と母親の産後抑うつと関連要因　発達心理学会第26回大会発表抄録集
福丸由佳　2019　多様な関係性のなかで役割を果たす　外山紀子・安藤智子・本山方子（編）　生活のなかの発達—現場主義の発達心理学—　新曜社
Fukumaru, Y., Nakayama, M., Koizumi, T., & Muto, T. 2006 Father's involvement in child care and support for those who have young children in Japan. *Research Monograph: Studies of Human Development from birth to death.* 65-72.
平木典子・中釜洋子　2006　家族の心理　家族への理解を深めるために　サイエンス社
加藤道子　2016　コペアレンティング宇都宮博・神谷哲司（編著）　夫と妻の生涯発達心理学　福村出版　Pp.185-189.
加藤道子・黒澤泰・神谷哲司　2014　夫婦ペアレンティング調整尺度作成と子育て時期による変化の横断的検討　心理学研究，**84**　566-575.
柏木惠子　2014　夫婦間コミュニケーションとケアの授受　柏木惠子・平木典子（編著）　日本の夫婦　金子書房　Pp.19-38.
柏木惠子・若松素子1994　親となることによる人格発達—生涯発達的視点から親を研究する試み—　発達心理学研究，**5**，72-83
森下葉子　2006　父親になることによる発達とそれにかかわる要因　発達心理学研究，17（2），182-192.
中釜洋子　2001　いま家族援助が求められる時　垣内出版
小野寺敦子　2014　親と子の生涯発達心理学　勁草書房
大野祥子　2018　家族する男性たち　おとなの発達とジェンダー規範からの脱却　東京大学出版会
Willson, S. & Durbin, C.E. 2010 Effect of paternal depression on fathers'parenting behaviors: A meta-analytic review. *Clinical Psychology Review*, vol **30**（2），167-180.

● Column6
厚生労働省　2020　体罰によらない子育てのために〜みんなで育児をささえる社会に〜　体罰などによらない子育ての推進に関する検討会　令和2年2月
大日向雅美2020　スウェーデンに学ぶ：子育て支援に求められる社会の覚悟　地域保健，**7**，36-39.
友田明美　2012　新版 いやされない傷—児童虐待と傷ついていく脳—　診断と治療社

■第7章
阿部彩・埋橋孝文・矢野裕俊　2014「大阪子ども調査」結果の概要　https://gpsw.doshisha.ac.jp/osaka-children/osaka-children.pdf（2021年1月9日閲覧）
Bronfenbrenner, U. (Ed.). 2005 *Making human beings human: Bioecological perspectives on human development.* Thousand Oaks, CA: Sage Publications Ltd.
Esping-Andersen, G. 1999 *Social Foundations of Postindustrial Economies.* Oxford: Oxford University Press.
柏木惠子　2016　序章　人口心理学の視点—命と生の生涯発達　柏木惠子・高橋惠子　編　人口の心理学へ：少子高齢社会の命と心　ちとせプレス　pp.1-29.
柏木惠子・加藤邦子　2016　育児不安を考える—ライフコースの激変とアイデンティティの揺らぎ　柏木惠子・高橋惠子（編）　人口の心理学へ：少子高齢社会の命と心　ちとせプレス　pp.125-143.
柏木惠子・高橋惠子（編）　2016　人口の心理学へ：少子高齢社会の命と心　ちとせプレス
木村涼子　2017　家庭教育は誰のもの？：家庭教育支援法はなぜ問題か．岩波ブックレット
厚生労働省　2020a　令和元年（2019）人口動態統計（確定数）の概況　結果の概要

https://www.mhlw.go.jp/toukei/saikin/hw/jinkou/kakutei19/dl/15_all.pdf（2021年1月9日閲覧）
厚生労働省　2020b　令和元年簡易生命表の概況 結果の概要　1 主な年齢の平均余命
　　https://www.mhlw.go.jp/toukei/saikin/hw/life/life19/dl/life19-02.pdf（2021年1月9日閲覧）
厚生労働省　2020c　2019年国民生活基礎調査の概況
　　https://www.mhlw.go.jp/toukei/saikin/hw/k-tyosa/k-tyosa19/dl/14.pdf（2021年1月9日閲覧）
厚生労働省　2020d　2019年国民生活基礎調査II 各種世帯の所得等の状況
　　https://www.mhlw.go.jp/toukei/saikin/hw/k-tyosa/k-tyosa19/dl/03.pdf（2021年1月9日閲覧）
平木典子　2016　コラム 9　なぜ少子に虐待か──家族臨床から見えること　柏木惠子・高橋惠子（編）　人口の
　　心理学へ：少子高齢社会の命と心　ちとせプレス　pp.144-145.
松岡亮二　2019　教育格差：階層・地域・学歴　筑摩新書
内閣府　2016　平成27年度少子化社会に関する国際意識調査報告書
　　https://www8.cao.go.jp/shoushi/shoushika/research/h27/zentai-pdf/index.html（2021年1月9日閲覧）
内閣府　2017　第 4 回子供の貧困対策に関する有識者会議　資料 1　子供の貧困に関する指標の推移
　　https://www8.cao.go.jp/kodomonohinkon/yuushikisya/k_4/pdf/s1.pdf（2021年1月9日閲覧）
内閣府　2020　令和 2 年版 男女共同参画白書
　　http://www.gender.go.jp/about_danjo/whitepaper/r02/zentai/index.html#honpen（2021年1月9日閲覧）
OECD. 2017　図でみる教育2017年版　日本
　　http://www.oecd.org/education/skills-beyond-school/EAG2017CN-Japan-Japanese.pdf（2021年1月9日閲覧）
大田区　2018　大田区子どもの生活実態に関するアンケート調査　詳細分析結果報告書
　　http://www.city.ota.tokyo.jp/kuseijoho/ota_plan/kobetsu_plan/fukushi/kodomo_seikatsu_plan/hinkon-chosa.
　　files/shousaibunseki.pdf（2021年1月9日閲覧）
柴田悠　2016　子育て支援が日本を救う：政策効果の統計分析　勁草書房
総務省統計局　2020　統計からみた我が国の高齢者──「敬老の日」にちなんで
　　https://www.stat.go.jp/data/topics/pdf/topics121.pdf（2021年1月7日閲覧）
高橋惠子　2019　子育ての知恵：幼児のための心理学　岩波新書
田中拓道　2017　福祉政治史：格差に抗するデモクラシー　勁草書房
東京大学大学院教育学研究科・大学経営・政策研究センター　2009　高校生の進路と親の年収の関連について
　　http://ump.p.u-tokyo.ac.jp/crump/resource/crump090731.pdf（2021年1月7日閲覧）
World Economic Forum 2020 Global Gender Gap Report 2020
　　http://www3.weforum.org/docs/WEF_GGGR_2020.pdf（2021年1月9日閲覧）

● Column7
阿部彩　2008　子どもの貧困：日本の不公平を考える　岩波書店.
平井美佳・神前裕子・長谷川麻衣・高橋惠子　2015　乳幼児にとって必須な養育環境とは何か──市民の素朴信念
　　──　発達心理学研究，26，55-70.
厚生労働省　2020　2019年国民生活基礎調査II 各種世帯の所得等の状況
　　https://www.mhlw.go.jp/toukei/saikin/hw/k-tyosa/k-tyosa19/dl/03.pdf（2021年1月7日閲覧）

■第 8 章
穴井千鶴・園田直子・津田彰　2006　「自分の生き方」をテーマにした育児期女性への心理的支援：Sense of
　　Coherence からのアプローチ　久留米大学心理学研究，5，29-39.
荒牧美佐子・無藤隆　2008　育児への負担感・不安感・肯定感とその関連要因の違い：未就学児を持つ母親を対
　　象に　発達心理学研究，19，87-97.
石井クンツ昌子　2013　「育メン」現象の社会学：育児・子育て参加への希望を叶えるために　ミネルヴァ書房.
柏木惠子　2011　親と子の愛情と戦略　講談社現代新書
菊地ふみ・柏木惠子　2007　父親の育児：育児休業をとった父親たち．文京学院大学人間学部研究紀要，9，
　　189-207.
国立社会保障・人口問題研究所　2017　現代日本の結婚と出産：第15回出生動向基本調査（独身者調査ならびに
　　夫婦調査）報告書
　　http://www.ipss.go.jp/ps-doukou/j/doukou15/NFS15_reportALL.pdf（2020年8月10日閲覧）

厚生労働省　2006　第 6 回21世紀出生児縦断調査（平成13年出生児）
　　https://www.mhlw.go.jp/toukei/saikin/hw/syusseiji/06/kekka3.html（2020年 8 月10日閲覧）
厚生労働省　2020　令和元年国民生活基礎調査
　　https://www.mhlw.go.jp/toukei/saikin/hw/k-tyosa/k-tyosa19/dl/02.pdf（2020年 8 月10日閲覧）
永久ひさ子　2010　中年期有子女性における家庭内での価値志向および家庭内役割意識と人生展望感の関連：就
　　業形態による特徴から　家族心理学研究，**24**，157-170．
内閣府男女共同参画局　2019　男女共同参画社会に関する世論調査（令和元年 9 月調査）
　　https://survey.gov-online.go.jp/r01/r01-danjo/2-2.html（2020年 8 月10日閲覧）
内閣府男女共同参画局．2020　令和 2 年版男女共同参画白書
　　http://www.gender.go.jp/about_danjo/whitepaper/r02/zentai/pdf/r02_tokusyu.pdf　（2020年 8 月10日閲覧）
野澤義隆・山本理絵・神谷哲司・戸田有一　2013　乳幼児を持つ父母の家事・育児時間が母親の育児期ストレス
　　に及ぼす影響：全国調査（保育・子育て 3 万人調査）の経年比較より　エデュケア，**34**，1 - 8 ．
岡本依子・菅野幸恵・根ヶ山光一　2003　胎動に対する語りにみられる妊娠期の主観的な母子関係：胎動日記に
　　おける胎児への意味づけ　発達心理学研究，**14**，64-76．
小野寺敦子　2003　親になることによる自己概念の変化　発達心理学研究，**14**，180-190．
Seifritz, E., Esposito, F., Neuhoff, J. G., Lüthi, A., Mustovic, H., Dammann, G., von Bardeleben, U., Radue, E. W.,
　　Cirillo, S., Tedeschi, G., & Di Salle, F. 2003 Differential sex-independent amygdala response to infant crying and
　　laughing in parents versus nonparents. *Biological Psychiatry*, 54, 1367-1375.
総務省統計局　2017a　平成27年国勢調査（就業状態等基本集計，表番号00190）
　　https://www.e-stat.go.jp/dbview?sid=0003177100（2020年 8 月10日閲覧）
総務省統計局　2017b　平成28年社会生活基本調査（調査票 A に基づく調査，生活時間に関する結果，表19- 1 ）
　　https://www.e-stat.go.jp/stat-search/files?page=1&layout=datalist&toukei=00200533&tstat=000001095335&cycle=
　　0&tclass1=000001095377&tclass2=000001095393&tclass3=000001095395&result_page=1（2020年 8 月10日閲覧）
総務省統計局　2020　令和元年労働力調査（基本集計　第 II- 9 表）
　　https://www.e-stat.go.jp/stat-search/files?page=1&layout=datalist&toukei=00200531&tstat=000000110001&cycle=
　　7&year=20190&month=0&tclass1=000001040276&tclass2=000001040283&tclass3=000001040284&result_back=1
　　（2020年 8 月10日閲覧）
Storey, A. E., Walsh, C. J., Quinton, R. L. & Wynne-Edwards,K. E. 2000 Hormonal correlates of parental responsiveness
　　in new and expectant fathers. *Evolution & Human Behavior*, 21（2），79-95.

● Column8
厚生労働省　2020　令和元年国民生活基礎調査
　　https://www.mhlw.go.jp/toukei/saikin/hw/k-tyosa/k-tyosa19/dl/02.pdf（2020年 8 月10日閲覧）
内閣府男女共同参画局　2007　仕事と生活の調和の実現に向けて
　　http://wwwa.cao.go.jp/wlb/government/20barrier_html/20html/charter.html（2020年 8 月10日閲覧）

■第9章
新たな社会定期養育の在り方に関する検討会　2017　新しい社会的養育ビジョン
　　https://www.mhlw.go.jp/file/04-Houdouhappyou-11905000-Koyoukintoujidoukateikyoku-
　　Kateifukushika/0000173865.pdf（2020年11月25日閲覧）
浅井春夫・黒田邦夫（編著）　2018　〈施設養護か里親制度か〉の対立軸を超えて　「新しい社会的養育ビジョ
　　ン」とこれからの社会的養護を展望する　明石書店
団士郎　2012　家族の練習問題—木陰の物語— 4 　"悲しみも哀しみも"　ホンブロック
福丸由佳　2019　離婚，再婚　日本家族心理学会（編）　家族心理学ハンドブック　金子書房　Pp.180-185.
福丸由佳　2020　家族関係における夫婦の葛藤，親子の葛藤　子ども学，**8**，87-106．
Hetherington, E., Cox, M., & Cox, R. 1982 Effects of divorce on parents and children. In M. Lamb （Ed.）, *Non-
　　traditional families*. Hillsdale, NJ: Erlbaum. Pp.223-288.
伊藤嘉余子　2018　コラム　里親家庭や養子縁組家庭での「真実告知」と絵本　伊藤嘉余子・福田公教（編著）
　　MINERVA はじめて学ぶ子どもの福祉　社会的養護　ミネルヴァ書房　Pp.112.
小池由佳　2018　家庭養護の実践　伊藤嘉代子・福田公教（編著）　MINERVA はじめて学ぶ子どもの福祉　社

会的養護　ミネルヴァ書房　Pp.161-190.
厚生労働省　2017　平成28年度全国ひとり親世帯等調査結果報告（平成28年11月 1 日現在）
　　https://www.mhlw.go.jp/file/06-Seisakujouhou-11920000-Kodomokateikyoku/0000190327.pdf（2020年 7 月31日
　　閲覧）
厚生労働省　2018　里親制度（資料集）
　　https://mhlw.go.jp/content/11900000/000358499.pdf（2020年11月25日閲覧）
厚生労働省　2020　児童養護施設入所児童等調査の概要（平成30年 2 月 1 日現在）
　　https://www.mhlw.go.jp/content/11923000/000595122.pdf（2020年 7 月31日閲覧）
野口啓示　2018　子どもの養護問題の現状と子ども虐待　伊藤嘉代子・福田公教（編著）　MINERVA はじめて
　　学ぶ子どもの福祉　社会的養護　ミネルヴァ書房　Pp.2-7 .
緒倉珠巳・野澤慎司・菊池真理・SAJ　2018　ステップファミリーのきほんをまなぶ─離婚・再婚と子どもたち
　　─　金剛出版
瀧井有美子　2020　第 5 章　4．児童心理治療施設　河合高鋭・石山直樹（編）　保育士をめざす人のための施
　　設実習ガイド　みらい
内海新祐　2013　児童養護施設の心理臨床　「虐待」のその後を生きる　日本評論社
Visher, E. B. & Visher, J. S. 1991 *How to win as a stepfamily.* 春名ひろこ（監修）　高橋朋子（訳）　2001　ステップ
　　ファミリー：幸せな再婚家族になるために　WAVE 出版
Wallersten, J. & Blakeslee, S. 2003 *What about the kids? Raising your children before, during, and after divorce.* New
　　York: Hyperion.
山野則子（編著）　2019　子どもの貧困調査　明石書店
全国児童心理治療施設協議会　2017　児童心理治療施設ネットワーク
　　http://zenjishin.org/jotan.html（2020年 7 月31日閲覧）
全国乳児福祉協議会　2017　全国乳児福祉協議会事業報告
　　https://nyujiin.gr.jp/about/（2020年 7 月31日閲覧）
全国社会福祉協議会 全国乳児福祉協議会　2019　「乳幼児総合支援センター」をめざして　乳児院の今後のあり
　　方検討委員会報告書
　　https://nyujiin.gr.jp/cms/wp-content/uploads/2019/10/2019center_houkoku-1.pdf（2020年 7 月31日閲覧）

■第10章
文部科学省　2012　通常の学級に在籍する発達障害の可能性のある特別な教育的支援を必要とする児童生徒に関
　　する調査結果について
　　https://www.mext.go.jp/a_menu/shotou/tokubetu/material/__icsFiles/afieldfile/2012/12/10/1328729_01.pdf
　　（2021年 1 月 6 日閲覧）

【参考文献】
芦澤清音　2011　発達障がい児の保育とインクルージョン　大月書店
本田秀夫　2013　自閉症スペクトラム　10人に 1 人が抱える「生きづらさ」の正体　SB クリエイティブ
市川奈緒子　2016　気になる子の本当の発達支援　風鳴舎
五十嵐信敬　1996　視覚障害幼児の発達と指導　コレール社
加我君孝（編集）　2014　新生児・幼小児の難聴　診断と治療社
加藤正仁（監修）　発達支援学：その理論と実践　協同医書出版社
尾崎康子・阿部美穂子・水内豊和（編集）　2020　よくわかるインクルーシブ保育　ミネルヴァ書房
榊原洋一　2016　最新図解　発達障害の子どもたちをサポートする本　ナツメ社
榊原洋一　2017　最新図解　自閉症スペクトラムの子どもたちをサポートする本　ナツメ社
榊原洋一　2019　最新図解　ADHD の子どもたちをサポートする本　ナツメ社
榊原洋一　2020　子どもの発達障害　誤診の危機　ポプラ社
篠田達明（監修）　2011　視覚・聴覚・言語障害児の医療・療育・教育　金芳堂
徳田克己（監修）　2018　こうすればうまくいく！知的障害のある子どもの保育　中央法規出版
柘植雅義（監修）　中川信子（編著）　2017　発達障害の子を育てる親の気持ちと向き合う　金子書房
山登敬之　2005　子どもの精神科　筑摩書房

■第11章

Felitti, V. J., Anda R. F., Nordenberg, D., Williamson, D. F., Spitz, A. M., Edwards, V., Koss, M. P., & Marks, J. S. 1998 Relationship of childhood abuse and household dysfunction to many of the leading causes of death in adults. The Adverse Childhood Experiences (ACE) Study. *American Journal of Preventive Medicine*, 14 (4), 245-258.

亀岡智美　2000　子ども虐待とトラウマケア：再トラウマ化を防ぐトラウマインフォームドケア　金剛出版

Stamm, B. H. (ed.). 1999 *Secondary traumatic stress: Self-care issues for clinicians, researchers, & educators. 2nd Ed.* Sidran Press.　小西聖子・金田ユリ子（訳）　2003　二次的外傷性ストレス：臨床家，研究者，教育者のためのセルフケアの問題　誠信書房

Substance Abuse and Mental Health Services Administration 2014 *SAMHSA's concept of trauma and guidance for a trauma-informed approach*. HHS Publication No. (SMA) 14-4884. Substance Abuse and Mental Health Services Administration. 大阪教育大学学校危機メンタルサポートセンター・兵庫県こころのケアセンター（訳）　2018　SAMHSA のトラウマ概念とトラウマインフォームドアプローチのための手引き

http://www.j-hits.org/child/pdf/5samhsa.pdf（2020年11月26日閲覧）

● Column11

Bloom, S. L. & Farragher, B. 2013 *Restoring sanctuary: A new operating system for trauma-informed systems of care*. Oxford University Press.

野坂祐子　2019　トラウマインフォームドケア："問題行動"を捉えなおす援助の視点　日本評論社

■第12章

ベネッセ教育総合研究所　2016　第5回幼児の生活アンケートレポート

https://berd.benesse.jp/jisedai/research/detail1.php?id=4949（2020年9月4日閲覧）

Huttenlocher, P. R., de Courten, C., Garey, L. J., Van der Loos, H. 1982 Synaptogenesis in human visual cortex ─ evidence for synapse elimination during normal development. *Neuroscience Letters*, 33 (3), 247-252.

柏木恵子　2006　家族心理学への招待　ミネルヴァ書房

谷田貝公昭　2016　データでみる幼児の基本的生活習慣 第3版　一藝社

■第13章

小さく生まれた赤ちゃんへの保健指導のあり方に関する調査研究会　2019　低出生体重児保健指導マニュアル

Drotar, D., Baskiewicz, A., Irvin, N., Kennell, J., & Klaus, M. 1975 The adaptation of par-ents to the birth of an' infant with a con-genital malformation: A hypothetical model. *Pe-diatrics*, 56 (5), 710-717.

河野由美・三科潤・板橋稼頭夫　2005　育児不安軽減を目的とした低出生体重児の運動発達指標の作成　小児保健研究，64，258-264.

【参考文献】

中田洋二郎　1995　親の障害の認識と受容に関する考察─受容の段階説と慢性的悲哀　早稲田心理学年報第27号

索　引

執筆者一覧

■**編集委員**──民秋　言（白梅学園大学名誉教授）

　　　　　　　小田　豊（聖徳大学）

　　　　　　　枦尾　勲

　　　　　　　無藤　隆（白梅学園大学名誉教授）

　　　　　　　矢藤　誠慈郎（和洋女子大学）

■**編　　者**──佐久間路子・福丸由佳

【**執筆者**（執筆順）】

丹羽さがの（東京家政学院大学）	第 1 章
伊藤　理絵（岡崎女子短期大学）	第 2 章
佐久間路子（編者）	第 3 章
江上　園子（白梅学園大学）	第 4 章
大龍　玲子（東京都立大学）	第 5 章
福丸　由佳（編者）	第 6 章
平井　美佳（横浜市立大学）	第 7 章
大野　祥子（白百合女子大学）	第 8 章
曽山いづみ（奈良女子大学）	第 9 章
大庭　正宏（太陽の子保育園）	第10章
野坂　祐子（大阪大学）	第11章
小林美由紀（白梅学園大学）	第12章，第13章

編者紹介

佐久間路子（さくま・みちこ）
　　　2003年　お茶の水女子大学大学院人間文化研究科博士課程修了
　　　現　在　白梅学園大学子ども学部教授，博士（人文科学）
〈主　著〉乳幼児のこころ：子育ち・子育ての発達心理学（共著）　有斐閣　2011年
　　　　　自尊感情の心理学：理解を深める「取扱説明書」（共著）　金子書房　2016年
　　　　　10の姿プラス5・実践解説書（共著）　ひかりのくに　2018年
　　　　　生活のなかの発達：現場主義の発達心理学（共著）　2019年　新曜社
　　　　　子どもの理解と援助（共著）　北大路書房　2021年

福丸由佳（ふくまる・ゆか）
　　　2001年　お茶の水女子大学大学院人間文化研究科博士課程修了
　　　現　在　白梅学園大学子ども学部教授，博士（人文科学）
〈主　著〉乳幼児を持つ父母における仕事と家庭の多重役割　風間書房　2003年
　　　　　ジェンダーの心理学ハンドブック（共著）　ナカニシヤ出版　2008年
　　　　　子育てを支える心理教育とは何か　現代のエスプリ493（共著）　至文堂　2008年
　　　　　よくわかる心理学（共編著）　ミネルヴァ書房　2009年
　　　　　保育相談支援（新　保育ライブラリ）（共編著）　北大路書房　2011年
　　　　　子ども家庭支援の心理学（共編著）　中央法規出版　2019年
　　　　　多様な人生のかたちに迫る発達心理学（共著）ナカニシヤ出版　2020年
　　　　　家族関係における夫婦の葛藤，家族の葛藤（「子ども学」第8号）　萌文書林
　　　　　　2020年

新 保育ライブラリ　子どもを知る

子ども家庭支援の心理学

2021年 3 月15日　初版第 1 刷印刷	
2021年 3 月31日　初版第 1 刷発行	定価はカバーに表示 してあります。

編　著　者　　佐久間　路　子

福　丸　由　佳

発　行　所　　㈱北大路書房

〒603-8303　京都市北区紫野十二坊町12-8
電　話　（075）４３１-０３６１㈹
ＦＡＸ　（075）４３１-９３９３
振　替　０１０５０-４-２０８３

©2021　　　　　　　　　　　　　　印刷・製本／亜細亜印刷㈱
検印省略　落丁・乱丁本はお取り替えいたします。

ISBN978-4-7628-3153-9　　　　　　Printed in Japan

新 保育ライブラリ

子どもを知る／保育の内容・方法を知る／保育・福祉を知る／保育の現場を知る

■編集委員■　民秋　言・小田　豊・栃尾　勲・無藤　隆・矢藤誠慈郎

A5 判・160 〜 230 頁・本体価格 1800 〜 2000 円

平成 29 年告示「幼稚園教育要領」「保育所保育指針」「幼保連携型認定こども園教育・保育要領」対応

子どもを知る
保育の心理学

藤﨑眞知代・無藤　隆　編著
A5 判・176 頁・本体価格 1900 円

子どもの発達に関する科学的知見と保育実践との繋がりを 3 部構成で論じる。個々の子どもがその子らしく生きることを支えるために。

子どもを知る
子ども家庭支援の心理学

佐久間路子・福丸由佳　編著
A5 判・160 頁・本体価格 1900 円

子どもとその家庭を包括的に捉える視点を習得するとともに子育て家庭をめぐる現代の社会的状況と課題についても理解する。

子どもを知る
子どもの理解と援助

清水益治・無藤　隆　編著
A5 判・164 頁・本体価格 1800 円

新保育士養成課程，教職課程コアカリ「幼児理解の理論及び方法」に対応。子ども理解の視点・方法と援助のあり方を解説。

子どもを知る
子どもの保健

加藤則子・布施晴美　編著
A5 判・180 頁・本体価格 1900 円

子どもの心身の健康を守るための保健活動の意義，健康状態の把握と病の予防・対応等，医学や看護の知識・技術をわかりやすく解説。

保育の内容・方法を知る
保育の計画と評価

北野幸子　編著
A5 判・224 頁・本体価格 1900 円

カリキュラムの内容，その計画と評価の意義と実践の仕方を概説。記録に親しみ，記録を大いに活用できる力量を形成するために。

保育・福祉を知る
保育者論［第 3 版］

福元真由美・笠間浩幸・柏原栄子　編著
A5 判・200 頁・本体価格 1800 円

子どもの幸せと成長に資するための保育者としてのあり方や，時代と共に変わる保育の実態にも機敏に対応できる専門性を考える。

保育・福祉を知る
子ども家庭福祉

植木信一　編著
A5 判・196 頁・本体価格 1800 円

子どもや家庭の福祉に関する動向を踏まえ，最新の情報を提供。保育者養成への活用はもとより保育者として活躍されている方にも。

保育・福祉を知る
社会的養護 I

宮﨑正宇・大月和彦・櫻井慶一　編著
A5 判・176 頁・本体価格 1800 円

改正児童福祉法や新しい社会的養育ビジョンの公表等を受け，最新の情報を加筆。施設での多様な事例も紹介。